香 樟 树 文 库

Xiangzhangshu wenku

江苏省社科研究文化精品立项资助(项目编号:12SWB-012)
苏州市哲学社会科学研究立项资助(项目编号:12-C-16)
苏州市科学技术协会软课题立项资助(项目编号:2012B-19)

文化产业的
金融支持与服务创新

乔桂明 刘沁清 郑晓玲 伍纯刚 著

苏州大学出版社

图书在版编目(CIP)数据

文化产业的金融支持与服务创新/乔桂明等著.
苏州:苏州大学出版社,2013.10
江苏省社科研究文化精品立项资助　苏州市哲学社会科学研究立项资助
ISBN 978-7-5672-0689-2

Ⅰ.文…　Ⅱ.①乔…　Ⅲ.①文化产业-金融支持-研究-中国②文化产业-服务模式-研究-中国　Ⅳ.①G124②F832.48

中国版本图书馆CIP数据核字(2013)第239734号

文化产业的金融支持与服务创新
乔桂明　刘沁清　郑晓玲　伍纯刚　著
责任编辑　薛华强

苏州大学出版社出版发行
(地址:苏州市十梓街1号　邮编:215006)
扬中市印刷有限公司印装
(地址:江苏省扬中市科技园区东进大道6号　邮编:212212)

开本700 mm×1 000 mm　1/16　印张12.25　字数201千
2013年10月第1版　2013年10月第1次印刷
ISBN 978-7-5672-0689-2　　定价:32.00元

苏州大学版图书若有印装错误,本社负责调换
苏州大学出版社营销部　电话:0512-65225020
苏州大学出版社网址　http://www.sudapress.com

序言

2011年10月,党的十七届六中全会审议通过的《中共中央关于深化文化体制改革、推动社会主义文化大发展大繁荣若干重大问题的决定》强调:发展文化产业是社会主义市场经济条件下满足人民多样化精神文化需求的重要途径;要构建现代文化产业体系,形成公有制为主体、多种所有制共同发展的文化产业格局,推进文化科技创新,扩大文化消费;要发挥市场在文化资源配置中的积极作用。有关研究表明,到2015年我国文化产业产值规模将从2010年的1.1万亿美元增加到2.75万亿美元,文化产业占国民经济生产总值比例将由目前的2.75%增加到5%以上,成为国民经济支柱性产业。在世界文化产业发展历史中,从文化产出能力看,美国等发达国家占经济总量7成以上的现代服务业的主力是文化创意服务业,其产值约占GDP总量的1/3。从文化消费能力看,当一国人均GDP超过3 000美元时,文化消费会快速增长;当一国人均GDP接近或超过5 000美元时,文化消费会出现"井喷"现象。我国人均GDP在2011年年末已达到5 540美元,但目前居民文化支出总量不到1万亿美元,与中等收入国家应达到的4万亿美元文化消费总量相比差距明显。所以,不论是从产出能力还是消费能力看,我国文化产业增长潜力巨大。

当然,目前我国文化产业发展还处于初级阶段,产业布局较为分散,产业竞争力不强,具有鲜明的"轻、薄、短、小、弱"等特征。在间接融资方面,文化企业资产组合中有形资产少、无形资产多,缺乏可供用作银行贷款担保的固定资产,且文化企业无形资产的价值评估中介机构发展滞后,增加了金融机构所面临的信贷风险,金融机构放贷动力不足。在直接融资方面,由于多数文化企业的商业模式和财务业绩难以达到上市融资的要求,上市直接融资模式也并非文化企业融资的普适路径。由于普遍存在的投入产出的不对称性和消费市场的不确定性,在金融支持文化产业发展方面,传统金融服务产品和金融工具难以与其有效对接,金融创新落后于文化产业发展的需求。所以我们必须加强金融支持文化产业机制研究,推动文化产业与金融业有效对接,切实提高金融支持文化产业发展的能力。

苏州大学东吴商学院金融学博士生导师乔桂明教授,中国银行苏州分行中小企业部总经理伍纯刚，苏州大学东吴商学院刘沁清博士和副教授郑晓玲博士等专家学者的《文化产业金融支持与服务创新》一书的出版恰逢其时。全书以苏州地区文化产业金融支持的实践为主要样本，从国家战略、产业发展以及社会经济形态的变革等背景出发，阐述了我国发展文化产业的重大意义和紧迫性；系统论述了文化产业与社会经济发展的关系、文化产业发展与金融支持的关系。本研究在大量调查研究的基础上，重点分析了苏州文化金融的开展现状、取得的经验和成就以及存在着的"政策错配"和"金融错配"等发展瓶颈与问题，并针对苏州实际，进行了政策设计与文化金融创新研究。

本研究设计了直接面向终端产业的文化金融支持对策和方案，其目的是协调文化产业与金融产业之间的关系，这对提高苏州文化产业发展速度和质量，提高金融资本使用效率，控制和降低文化金融风险，消除资源上的"金融错配"具有现实意义。本研究的主要贡献是提出了五个方面的金融创新：① 金融体制创新（文化金融决策流程设计、国有银行与地方银行机制差异化设计、金融混业创新、新兴产业风险容忍度定位）；② 金融业务创新（传统重资产业务和新兴轻资产业务协调、金融中介业务与直接金融业务协调、银行与金融市场合作、依托文化金融的企业形象建设和营销）；③ 金融组织架构创新（文化银行的设计与运营、文化金融专业团队的组织建设）；④ 金融产品创新（质押方式创新、担保方式创新、信贷产品创新、直接金融产品创新）；⑤ 金融服务创新（文化服务牌照、文化服务专营团队、"一站式"金融服务等）。

本研究的另一重要贡献是对文化金融所需的金融生态环境建设展开了深入研究，其目的是减少和简化文化金融活动在法规、监管上的障碍，并优化公共资源的配置，使之有效地支持文化产业发展，消除文化金融资源的"政策错配"。其核心内容包括：① 破解外部政策障碍和行业、部门间信息传导障碍；② 完善文化金融公共服务，探索适合文化产业特点的知识产权公共评估与交易体系；③ 建立现有相关机构（交易所和行业协会等）的协调机制；④ 评估文化产业资金支持的效率，并高度重视资金杠杆化操作。

可以相信，本书的出版有助于为苏州本地文化金融产业的发展找到路径与发展方向，并对推动全国其他地区文化金融的繁荣和发展提供经验借鉴和参考。

上海银行苏州分行
行长、管理学博士

2013 年 9 月

前言

文化产业是现代服务业的核心产业，其中间产品和服务是最具创造性的生产要素，对国民经济各个部门具有广泛的关联带动作用。新技术革命为文化功能的扩展提供了新的手段，催生出一系列新的文化业态，如网络服务、动漫游戏、数字媒体、手机视频等，对经济发展的贡献率明显提高。目前，文化产业与旅游、休闲、制造、电信、交通、房地产等国民经济产业部门正在发生普遍的渗透和融合，形成以文化内容为纽带、关联度日益密切的庞大产业链和产业集群。近年来，我国文化产业总体发展相当迅速，尤其是2011年“两会”之后，文化产业已经成为各级政府经济工作的重要组成部分，各地方政府高度重视，把文化产业列入当届政府“十二五”的重要工作日程。中共十七届六中全会首次将“文化强国”提升到国家战略层面上来，审议通过了《中共中央关于深化文化体制改革、推动社会主义文化大发展大繁荣若干重大问题的决定》，这为中国更好更快地发展提供了有力的文化保障。2012年以来，我国文化产业在GDP中所占比重进一步提升，对社会经济发展的拉动作用正逐渐增强。文化与科技融合已经成为实现文化产业整体升级转型的重要突破口。在这一趋势下，一批以高新技术为依托、以数字内容为主体、以自主知识产权为核心的新兴文化业态正在出现。此外，2012年中国文化“走出去”整体表现呈稳步上升趋势，文化贸易和文化交流日益成为中国文化走出去的“两翼”。这两年来，我国对文化产业扶持力度不断加大。《国家“十二五”时期文化改革发展规划纲要》《文化部“十二五”时期文化产业倍增计划》《文化部“十二五”时期文化改革发展规划》《文化部“十二五”文化科技发展规划》《文化部关于鼓励和引导民间资本进入文化领域的实施意见》等诸多文化产业政策密集出台，使文化产业发展的政策环境得到进一步完善。

作为中国历史文化大省和经济大省的江苏，在文化产业金融支持问题上，政策起步较早，发展成效显著。2009年《江苏省政府关于加快文化事业和产业发展的若干经济政策》[发(2009)8号]正式出台；2010年又发布了

《江苏省人民政府关于加快文化产业振兴若干政策的通知》[苏政发(2010)75号];中共江苏省委宣传部、中国人民银行南京分行、江苏省财政厅、江苏省文化厅、江苏省广播电影电视局、江苏省新闻出版局、中国银行业监督管理委员会江苏监管会、中国证券监督管理委员会江苏监管会、中国保险监督管理委员会江苏监管会等在2011年1月21日再次联合发布《关于转发<关于金融支持文化产业振兴和发展繁荣的指导意见>[南银发(2010)85号]的通知》。2011年8月10日,省文化厅、省财政厅、省广电局、省新闻出版局、省金融办、人行南京分行、江苏银监局、江苏证监局、江苏保监局又联合发文[苏政办发(2011)116号],指出《江苏省关于金融支持文化产业发展的若干意见》已经省人民政府同意,请各级政府和相关部门认真贯彻实施。从此,江苏文化金融发展驶上了快车道。江苏省文化产业增加值已连续三年保持近30%的增幅,高于GDP增长速度。文化创意、文化博览、动漫游戏、数字出版、数字传输等文化业态快速发展。2012年4月28日,江苏省文化产业推进会在苏州举行,会议研究部署深入实施文化建设工程,推动文化产业又好又快发展。会议提出,江苏省将从六个方面着力,推动文化产业规模、效益和竞争力走在全国前列。到"十二五"末,全省文化产业总收入将力争超过1万亿元,增加值占GDP比重超过6%,其中新兴文化业态在文化产业中的比重达60%。打造国家数字出版、新型显示技术两个千亿级产业群、5个以上销售收入超百亿元企业,推动文化产业尽快实现跨越式发展,并成为江苏国民经济支柱产业。

作为国务院首批历史文化名城和江苏经济排头兵的苏州,更是行动早,政策创新力度大。先后出台了《苏州市金融支持文化产业发展的实施意见》《苏州市文化产业发展资金管理办法》《苏州市文化产业投资引导基金管理办法》等政策,苏州市文广新局、金融办、财政局等相关部门积极推动金融机构支持文化企业发展,采取构建政策体系、发挥财政资金杠杆作用、搭建融资平台等措施,在文化企业和金融机构间架起了桥梁。苏州在向着"三区三城"目标迈进的过程中,文化创意作为新兴的生产要素,正逐步成为经济价值创造的主体。为了助推产业发展转型升级,苏州市迫切需要加快发展高附加值的文化产业。文化资源积淀丰厚,文化与科技经济融合发展的历史基础和现实条件,促使苏州文化产业走出了一条规模化、集约化、特色化的发展道路。2010年苏州全市文化产业实现增加值379.53亿元,同比增长35.75%,分别高于全市GDP和服务业增加值的增速22.55和22.35个百分点，占全市 GDP 比重达 4.14%；2011 年全市文化产业实现营业收入 2 050 亿元，实现增加值 533 亿元，在全市 GDP 中占比约 5.08%。根据最新规划，到“十二五”末，苏州文化产业增加值占 GDP 比重将超过 7%。在大力发展文化产业的同时，苏州市通过政策和金融支持，将全力做好历史名城的纯文化保护和传承事业。由苏州市文广新局牵头规划的“苏州市十大文化工程”已于 2013 年上半年通过了十一届市委第 33 次常委会议的专题审议，将作为《苏州市文化发展“十二五”规划》的配套方案来加以全面贯彻落实。2012—2015 年的四年内，苏州市实施的十大文化工程有三个大类，具体为：①国家历史文化名城保护示范区推进工程。具体项目包括历史文化名城保护整治（包括历史街区保护整治及古建老宅保护修缮等）；大运河苏州古城段和吴江段申遗环境整治；古镇古村落整治；建立历史文化名城标识体系。②博物馆建设推进工程。逐年规划新建一批博物馆（美术馆、纪念馆），到“十二五”末，使苏州市区博物馆总量从目前的 30 家增加到百家左右。年内启动建设“生肖邮票博物馆”、“苏州大运河遗产展示馆”、“古城墙博物馆”、“状元博物馆”、“过云楼藏书馆”等 5 个博物馆。③公共文化示范区创建工程。建设苏州图书馆二期（存储集散中心）、吴江区滨湖新城文化中心、吴中区市民广场、高新区文化艺术中心等一批重点文化设施，完善基层文化设施网络，开展繁荣文化惠民活动，确保 2013 年创建成功并实现长效管理。

近年来，无论是苏州、江苏，乃至全国，文化产业金融支持都已取得了一定成效。但从总体上看，文化产业发展仍然不充分。文化产业金融支持方面的问题具体表现为：

（1）文化产业经营主体或现金流不稳定，或“轻资产”特性明显，缺乏银行认可的担保方式，银行无法确保授信风险得到有效控制，而现有的风险容忍度亦不足以让具体放贷的支行级银行敢于放贷。

（2）文化产业经营者规模普遍偏小，资金需求量“偏离”银行对企业经营资金需求的常识性判断，还有一部分文化产业，尤其是传统文化产业存在财务不规范、授信信息无法获取等问题。

（3）像在苏州最先出现的“文贷通”项目等虽然知名度较高，但在现有流程设计下，企业普遍反映立项难、担保难。

（4）文化企业所生产的文化产品价值和无形资产价值，存在认定难、确权难、保管难、交易难等特征，而金融机构（尤其是银行）与相关支持机构（如担保、资产评估机构、产权交易组织）的合作并不紧密，更加重了上述难题。

本研究认为，现有文化产业金融支持的不足，可以归纳为金融机构与文化产业主体、政府与金融机构之间的“双错配”问题：首先，金融机构和文化产业主体之间沟通不足，文化金融产品设计针对性不强，金融资源供给和需求存在一定的“金融错配”；其次，政府的文化金融支持政策，在设计、实施和认定方面，与金融活动的实施者协调不够，虽然投入了大量成本，却还未建立足够有效的文化金融大环境，即“政策错配”。而“双错配”问题产生的重要原因，就是文化产业金融作为新生事物，现有体制落后于文化金融实践，尚缺乏理论高度的专业指导和制度设计。

鉴于上述问题，本书希望以苏州地区的文化产业金融实践为样本，研究和探索文化产业金融支持的理论依据与运作机制，进一步找出现有文化金融实践中的瓶颈与问题，并提出文化产业金融支持的发展战略和风险防范措施，改善和纠正政府、金融机构与文化产业主体之间存在的“金融错配”与“政策错配”问题。本研究将初步建立国内文化产业金融实践的理论分析框架，为金融机构提供改善文化金融运作的理论支持和操作指引，并为政策制定者提供促进文化繁荣的金融政策建议。

本研究在理论上的贡献和创新是：从理论高度审视文化产业金融支持的可行性、必要性和运行机制；本研究在实践上的贡献与创新是：将当前文化产业金融支持存在的问题提炼为“金融错配”和“政策错配”两类，并以此设定研究框架，展开有针对性的对策研究，这有助于苏州本地文化金融活动的繁荣和发展，并为江苏全省乃至全国其他地区文化金融支持提供经验借鉴与决策参考。

在本书交付勘印之时，我们要衷心感谢中国银行苏州分行、江苏省哲学社会科学界联合会、苏州市哲学社会科学界联合会和苏州科学技术协会给予本研究的基金资助和指导；感谢中国银行苏州分行中小企业部总经理（时任中国银行苏州分行城中支行行长）伍纯刚以及他所率领的城中支行文化金融业务的专业团队对课题研究的协调、调研配合和最有价值的第一手资料的提供；感谢课题组主要成员刘沁清博士和副教授郑晓玲博士以及研究生吕泽、周渊、程蕾、陈星宇、王非易等的共同参与；感谢苏州大学出版社薛华强编辑的辛勤劳动和出版建议。在本书写作过程中也参阅了许多国内外专家学者大量的著作和研究文献，在此一并表示衷心的感谢。

苏州大学商学院教授、金融学博士生导师　乔桂明

2013 年 9 月

目录

对策篇

第一章

绪论

第一节 研究背景和意义

一、文化产业的金融支持已经上升为一种各级地方政府和国家发展的重大战略

文化及相关产业是指为社会公众提供文化、娱乐产品和服务的活动，以及与这些活动有关联的活动的集合。按我国《文化及相关产业分类》标准，文化产业包括新闻服务，出版发行和版权服务，广播、电视、电影服务，文化艺术服务，网络文化服务，文化休闲娱乐服务，其他文化服务，文化用品、设备及相关文化产品的生产，文化用品、设备及相关文化产品的销售等九个大类，可分为核心层、外围层和相关文化产业层三个层次。

文化产业资源消耗低、环境污染少、附加值高、易与新技术对接融合、经济拉动作用明显，是推动经济结构调整、转变经济发展方式的重要着力点，也是繁荣发展社会主义文化的重要载体。党的十七大明确提出，要积极发展公益性文化事业，大力发展文化产业，激发全民族文化创造活力，更加自觉、更加主动地推动文化大发展大繁荣。

在现代经济条件下，任何产业的加速发展壮大，都离不开资本和金融的支持。改革开放以来，在文化体制改革深化、文化产业加快发展的同时，我国政府已注意到金融支持对文化产业发展的重要意义。1983 年的国务院《政府工作报告》中提出文艺体制需要有领导、有步骤地进行改革。1985 年，文化艺术被作为第三产业的组成部分列入国民生产统计的项目中。1987 年，国家正式从法律上确认了文化市场的合法地位。1991 年，国务院提出“文化经济”概念。随后的 1992 年，江泽民同志在党的十四大报告中明确提到要“完善文化经济政策”。同年，在国务院主编的《重大战略决

策——加快发展第三产业》一书中,“文化产业”的概念第一次被政府主管部门所承认。1996年十四届六中全会通过《中共中央关于加强社会主义精神文明建设若干重要问题的决议》,认为“改革文化体制是文化事业繁荣和发展的根本出路”。2001年中共中央又批转了中宣部、广电总局、新闻出版总署《关于深化新闻出版广播影视业改革的若干意见》,提出了文化体制改革要以发展为主题。2003年6月,全国文化体制改革试点工作会议召开,随后出台的意见明确了文化企业公益性和经营性的差别,并确定了北京、上海等9个城市为综合性试点地区。2004年年初,中国内地向香港开放涉及传媒的5项服务贸易。2005年国务院发布《关于非公有资本进入文化产业的若干决定》,明确“非公文化企业将与国有文化企业一视同仁”,促使全社会投资发展文化产业的积极性高涨。2009年9月,国务院发布《文化产业振兴规划》,指出了加快文化产业振兴的重要性和紧迫性,确定了未来深化文化体制改革的方向,会议还明确了未来要着力做好发展重点文化产业、实施重大项目带动战略、培育骨干文化企业等八大重点任务。

2011年10月,中共十七届六中全会通过了《中共中央关于深化文化体制改革推动社会主义文化大发展大繁荣若干重大问题的决定》,对我国文化发展做出了全面的战略性部署,并提出要推动文化产业成为国民经济支柱性产业。

作为中国历史文化大省和经济大省的江苏,在文化产业金融支持问题上,政策起步较早。2009年《江苏省政府关于加快文化事业和产业发展的若干经济政策》[发(2009)8号]正式出台;2010年又发布了《江苏省人民政府关于加快文化产业振兴若干政策的通知》[苏政发(2010)75号];中共江苏省委宣传部、中国人民银行南京分行、江苏省财政厅、江苏省文化厅、江苏省广播电影电视局、江苏省新闻出版局、中国银行业监督管理委员会江苏监管会、中国证券监督管理委员会江苏监管会、中国保险监督管理委员会江苏监管会等在2011年1月21日再次联合发布《关于转发〈关于金融支持文化产业振兴和发展繁荣的指导意见〉[南银发(2010)85号]的通知》。通知指出:各级相关政府、各类金融机构和管理部门要深刻认识金融支持文化产业发展的重要意义。要把加大金融支持文化产业发展与培育新经济增长点、提高国家文化软实力、维护国家文化安全结合起来;要把支持文化产业发展与拓展金融业务范围、培育新盈利增长点、提升金融综合竞争实力结合起来;要充分发挥本单位职能,把促进金融支持文化产业发展与营造和谐氛围、搭造良好平台结合起来;努力改善和提升文化产业金融服务水平,确保金融支持文化产业发展取得实效。还强调:要积极拓展文化产业直接融资渠道,努力推动企业通过资本市场、债券市场以高效率、低成本的方式筹集资金;通过推动文化产业投资基金、风险投资基金、私募股权基金发展,进一步拓展文化产业企业资金来源。要积极推进文化企业建立现代企业制度,逐步建立多层次的贷款风险分担和补偿机制,继续完善知识产权法律体系等,建立健全有利于金融支持文化产业发展的配套机制。同时要求加强信息共享,建立多部门信息共享机制。2011 年 8 月 10 日,省文化厅、省财政厅、省广电局、省新闻出版局、省金融办、人行南京分行、江苏银监局、江苏证监局、江苏保监局又联合发文[苏政办发(2011)116 号],指出《江苏省关于金融支持文化产业发展的若干意见》已经省人民政府同意,请各级政府和相关部门认真贯彻实施。从此,江苏文化金融发展驶上了快车道。

作为历史文化名城和江苏经济排头兵的苏州,更是行动早、政策创新力度大,先后出台了《苏州市金融支持文化产业发展的实施意见》《苏州市文化产业发展资金管理办法》《苏州市文化产业投资引导基金管理办法》等政策,苏州市文广新局、金融办、财政局等相关部门积极推动金融机构支持文化企业发展,采取构建政策体系、发挥财政资金杠杆作用、搭建融资平台等措施,在文化企业和金融机构间架起了桥梁。

二、江苏省文化产业发展已走在全国前列

近年来,江苏省文化产业总量不断扩增,内部结构进一步优化,文化产业总体规模、发展速度和发展潜力均居全国前列。目前,江苏省动漫游戏业、演艺业、工艺美术业、影视业等优势门类依靠科技创新和重点扶持优势彰显,发展加快。2010 年,江苏动漫游戏产业继续位居全国第一,江苏广电集团收入跃居全国省级台第一,江苏新闻出版业营业收入约占全国新闻出版产业的十分之一。2011 年江苏影视产业新作频出,传统的电影和电视正在更新换代。

江苏规模以上文化企业发展步伐加快,其中一批骨干企业已经成长为中国文化产业的行业标杆。2011 年 5 月的深圳文博会上,凤凰出版集团、江苏省广电集团、江苏省广电网络公司和江苏省演艺集团均入选全国文化企业 30 强,入选数量居全国第一。具有一定规模的文化企业已成为江苏经济发展进程中最活跃的生力军。“十一五”期间,江苏省每年拿出 2 亿元资金用于海内外高层次创新人才引进,其中就包括文化产业相关人才的引进计划。所有引进人才，都一次性获得资助100万元以上。这一措施有力地推动了江苏文化产业的迅速发展。

江苏省文化产业增加值已连续三年保持近30%的增幅，高于GDP增长速度。文化创意、文化博览、动漫游戏、数字出版、数字传输等文化业态快速发展，2011年全省原创动漫作品49部，产量居全国第二，新华日报的手机报开办不到一年，用户已突破140万。近3年来，全省生产电视剧80部、2 294集，每年新创剧本100多部，其中30部新剧目搬上舞台，昆剧《1699·桃花扇》、现代京剧《飘逸的红纱巾》、舞剧《红河谷》、歌舞音乐剧《茉莉花》、滑稽戏《一二三，齐步走》、电影《南京！南京！》、电视剧《人间正道是沧桑》等一批作品受到了广泛好评。

2012年4月28日，江苏省文化产业推进会在苏州举行，会议研究部署深入实施文化建设工程，推动文化产业又好又快发展。会议提出，江苏省将从六个方面着力，推动文化产业规模、效益和竞争力走在全国前列。到"十二五"末，全省文化产业总收入将力争超过1万亿元，增加值占GDP比重超过6%，其中新兴文化业态在文化产业中的比重达60%。打造国家数字出版、新型显示技术两个千亿级产业群、5个以上销售收入超百亿元企业，推动文化产业尽快实现跨越式发展，并成为江苏国民经济支柱产业。

三、苏州市文化产业发展异常迅速

苏州是国务院首批公布的历史文化名城，也是我国沿海经济发达地区之一。苏州向着"三区三城"目标迈进的过程中，文化创意作为新兴的生产要素，正逐步成为经济价值创造的主体。为了助推产业发展转型升级，苏州市迫切需要加快发展高附加值的文化产业。文化资源积淀丰厚，文化与科技经济融合发展的历史基础和现实条件，促使苏州文化产业走出了一条规模化、集约化、特色化的发展道路。2010年苏州全市文化产业实现增加值379.53亿元，同比增长35.75%，分别高于全市GDP和服务业增加值的增速22.55和22.35个百分点，占全市GDP比重达4.14%；2011年全市文化产业实现营业收入2 050亿元，实现增加值533亿元，在全市GDP中占比约5.08%；据最新规划，到"十二五"末，苏州文化产业增加值占GDP比重将达到7%。

苏州地区的文化产业包括传统文化产业和现代文化产业两部分。苏州传统文化产业低碳、绿色、环保的特色非常鲜明，目前全市传统工艺美术业经营单位有5 000多家，主要集中在刺绣、雕刻、书画等方面。在现代文化产业中，从传统元素中吸收养分的创意设计业和动漫游戏业发展迅猛。2010

年苏州创意设计业、数字内容和动漫业、印刷复制业、文化旅游业、演艺娱乐业等五个行业实现增加值122.9亿元，在核心层中占比超过50%，在全部文化产业中也占到近三分之一，成为苏州市文化产业的主导行业。苏州目前共有国家级文化产业示范基地6个、省级文化产业示范基地5个，第一批公布的市级文化产业示范基地28个。2012年苏州市重点文化产业项目启动达89个，总投资达1 038亿元，其中当年实际投资规模就超过了100亿元。

四、金融对文化产业发展的支持作用明显，但存在不少障碍与问题

在文化产业金融支持问题上，江苏省起步较早，政策创新力度较大，先后出台了一系列文化产业金融支持的政策文件。苏州市也先后同步出台了《苏州市金融支持文化产业发展的实施意见》《苏州市文化产业发展资金管理办法》《苏州市文化产业投资引导基金管理办法》等政策，重点文化企业、重点项目和园区(基地)、中小文化企业、文化消费、文化产品和服务"走出去"等都将得到更多的信贷和其他金融支持。

江苏省在做好风险防范的前提下，大力创新和开发了适合江苏文化产业特点的融资产品和融资方式。2007年起，加大了政府资金投入，建立了由政府主导的文化产业发展专项扶持资金、文化产业担保基金和文化产业投资引导基金三方面组成的文化产业发展资金，仅2007年资助总额就高达7.24亿元，带动项目总投资额超过800亿元。一批成长性好、自主创新能力强、有市场竞争力的文化产业项目相继得到了文化专项基金的资助。作为文化产业重点城市的苏州已经提出，经过3至5年努力，文化产业担保基金和文化产业投资引导基金规模将达到2亿元和10亿元以上。苏州市文广新局、金融办、财政局等相关部门积极推动金融机构支持文化企业发展，采取构建政策体系、发挥财政资金杠杆作用、搭建融资平台等措施，在文化企业和金融机构间架起了桥梁。

中共十七届六中全会后，江苏省金融业对文化产业的关注热情进一步高涨，文化金融专业化程度不断提高，竞争也更趋激烈。以苏州为例，中国工商银行苏州分行在苏州的文化金融领域起步最早，已经与苏州市文广新局签署了《支持苏州市文化产业发展战略合作备忘录》，并给予100亿元的信贷额度，目前已有香山工坊等大规模项目开始运作；在市文广新局等相关部门的推动下，苏州市农业担保有限公司与中国工商银行、交通银行、浦发银行及宁波银行等四家银行的苏州分支机构，共同推出了"文贷通"担保贷款产品。民生银行等中小型银行具有中小企业专业金融的丰富经验，设立过各类专业金融支行，擅长提供个性化金融解决方案，在文化金融方面具有独特竞争力。中国银行苏州分行也响应了总行号召，积极开展文化金融业务创新和调研，于 2012 年 2 月新推出了首款文化产业个人经营贷款产品“玉石经营户联保贷款”，并计划设立专门的文化金融支行，争取后来居上，实现文化金融业务的跨越式发展。

无论是苏州市还是江苏省，文化产业的金融支持虽已取得一定成效，但从总体来看，其文化产业发展仍然不够充分，这与江苏作为经济大省、苏州作为文化资源大市等的地位很不相称，与文化产业发展先进省份和城市的差距明显。以苏州市为例，2010 年全市文化产业法人企业 1.3 万多家，从业人员 32.95 万人，每个企业吸纳的就业人员平均只有 12 人左右；2010 年苏州全市文化产业实现增加值 379.53 亿元，占全市 GDP 比重仅为 4.14%，这个比重不但低于上海、北京、西安等文化大市，甚至低于广东、湖南、云南等的平均水平。文化产业的金融支持更显不足，以下主要问题和障碍影响了文化金融的发展。

（1）文化产业经营主体或现金流不稳定，或“轻资产”特性明显，缺乏银行认可的担保方式，银行无法确保授信风险得到有效控制，而现有的风险容忍度亦不足以让具体放贷的支行级银行敢于放贷。

（2）文化产业经营者规模普遍偏小，资金需求量“偏离”银行对企业经营资金需求的常识性判断，还有一部分文化产业，尤其是传统文化产业存在财务不规范、授信信息无法获取等问题。

（3）像在苏州最先出现的“文贷通”项目等虽然知名度较高，但在现有流程设计下，企业普遍反映立项难、担保难。

（4）文化企业所生产的文化产品价值和无形资产价值，存在认定难、确权难、保管难、交易难等特征，而金融机构（尤其是银行）与相关支持机构（如担保、资产评估机构、产权交易组织）的合作并不紧密，更加重了上述难题。

本课题组认为，现有文化产业金融支持的不足，可以归纳为金融机构与文化产业主体、政府与金融机构之间的“双错配”问题：首先，金融机构和文化产业主体之间沟通不足，文化金融产品设计针对性不强，金融资源供给和需求存在一定的“金融错配”；其次，政府的文化金融支持政策，在设计、实施和认定方面，与金融活动的实施者协调不够，虽然投入了大量成本，却还未建立足够有效的文化金融大环境，即“政策错配”。而“双错配”问题产生的重要原因，就是文化产业金融作为新生事物，现有体制落后于文化金融实践，尚缺乏理论高度的专业指导和制度设计。

四、本课题的研究目标和意义

鉴于上述问题，本课题希望以苏州地区的文化产业金融实践为样本，研究和探索文化产业金融支持的理论依据与运作机制，进一步找出现有文化金融实践中的瓶颈与问题，并提出文化产业金融支持的发展战略和风险防范措施，改善和纠正政府、金融机构和文化产业主体之间存在的“金融错配”与“政策错配”问题。本课题将初步建立国内文化产业金融实践的理论分析框架，为金融机构提供改善文化金融运作的理论支持和操作指引，并为政策制定者提供促进文化繁荣的金融政策建议，课题的研究成果将有助于苏州本地文化金融活动的发展，并可为全省乃至全国其他地区文化产业金融支持提供参考与借鉴。

第二节　成果来源、研究内容和主要创新

一、本成果主要来源

本成果的取得是源于课题组成员长期从事货币金融和商业银行经营管理的实践经验和教学科研活动的资料积累，来自于对文化金融的历史演进和发展创新的研究与把握。本成果的主要来源是课题组成员完成的四个相关课题，它们分别是：① 中国银行苏州分行 2012 年委托课题：《商业银行新视角的文化产业金融支持与服务创新》；② 江苏省哲学社会科学界联合会 2012 年文化精品课题：《文化产业金融支持与服务创新——基于苏州样本的探索与实践》（项目编号：12SWB－012）；③ 2012 年度苏州市哲学社会科学研究立项资助课题：《苏州文化产业金融支持的创新与实践研究》（项目编号：12－C－16）；④ 2012 年苏州市科学技术协会软课题：《创新文化产业的金融支持，推进苏州文化产业的繁荣发展》（项目编号：2012B－19）。以上课题的完成和研究经验都为本著作写作打下了扎实的基础。

另外，学校有丰富的中外文图书资料、数据库以及其他网络资源，为本研究提供了极大的便利。课题组成员对本课题相关的国内外专家学者的学术成果和研究动态进行了系统的梳理，形成了对本研究的清晰思路和全书框架。

二、本研究的主要内容

基于目前江苏省，尤其是苏州地区文化金融实践中的不足，本课题的研究将从实践出发，上升到理论，然后提出具有实际意义的研究结论和可操作的政策建议。

本课题的研究首先要厘清文化产业的发展现状及其与社会经济的关系，对文化产业的概括理解有助于后续研究重点的聚焦。之后本课题将从理论上探讨金融对文化产业支持的必要性和可行性，以揭示金融和文化产业的互动机制，并讨论国内外文化金融的典型案例。

在典型事实和理论研究基础上，以苏州地区为样本，发现现有文化金融亟待解决的问题，探索文化产业所需的金融支持和政策支持，将是本课题研究的重点内容。

本课题将通过文化企业、金融机构、行政主管部门等多种渠道，搜集苏州地区文化金融发展总体数据和具体案例，总结最新的文化金融经验教训，发现现有文化金融在需求方、供给方和外部监管政策上存在的不足，将其按“金融错配”、“政策错配”两方面来归纳，作为后续金融支持和政策支持研究的出发点。

本课题将从苏州地区金融机构实际出发，设计直接面向终端产业的文化金融支持对策和方案，目的是协调文化产业与金融产业之间的关系，提高文化产业发展速度和质量，提高金融资本使用效率，控制和降低文化金融风险，消除文化金融资源的“金融错配”。研究将分成金融机制创新、金融业务创新、金融组织架构创新、金融产品创新、金融外围服务创新五个方面展开，具体讨论的内容包括：① 金融体制创新（文化金融决策流程设计、国有银行与地方银行机制差异化设计、金融混业创新、新兴产业风险容忍度定位）；② 金融业务创新（传统重资产业务和新兴轻资产业务协调，金融中介业务与直接金融业务协调、银行与金融市场合作、依托文化金融的企业形象建设和营销）；③ 金融组织架构创新（文化银行的设计与运营、文化金融专业团队的组织建设）；④ 金融产品创新（质押方式创新、担保方式创新、信贷产品创新、直接金融产品创新）；⑤ 金融服务创新（文化服务牌照、文化服务专营团队、“一站式”金融服务、文化金融知识宣讲等）。

本课题还将对文化金融所需的金融生态环境展开讨论，其目的是减少和简化文化金融活动在法规、监管上的障碍，并优化公共资源的配置，使之有效地支持文化产业发展，消除文化金融资源的“政策错配”。本部分的研究内容包括:① 破解外部政策障碍和行业、部门间信息传导障碍;② 完善文化金融公共服务,探索适合文化产业特点的知识产权公共评估与交易体系;③ 探索现有机构(交易所和行业协会等)的协调机制;④ 评估文化产业资金支持的效率,提出资金杠杆化方案。

针对我国对文化产业的金融支持起步较晚,方法、政策尚不成熟的特点,本课题最后将就文化金融活动的风险防范做专门讨论,提出防范文化金融风险过程中传统金融机构、非传统金融机构和政府各自应采取的相应措施。

三、本研究的主要创新和贡献

本研究在理论上的创新和贡献是:从理论高度审视文化产业金融支持的可行性、必要性和运行机制;揭示文化产业发展与社会经济发展、文化产业发展与金融支持之间的内在联系与发展规律。本研究在实践上的创新与贡献是:将当前文化产业金融支持存在的问题提炼为"金融错配"和"政策错配"两类,并以此设定研究框架,展开有针对性的对策研究,有助于苏州本地文化金融活动的繁荣发展,并为江苏全省乃至全国其他地区文化金融支持提供经验借鉴与决策参考。

本课题的研究重点是发现文化金融存在的问题、设计文化产业金融支持的对策与方案、提出改善文化金融生态环境的建议,而文化金融的方案设计与生态环境建设将是本研究的主要难点。

第三节　本课题的研究思路和研究方法

本课题的研究思路是:首先从理论深度阐述文化产业发展与社会经济发展、文化产业发展与金融支持的内在联系与发展规律;再用国内外文化金融的实践,尤其是通过对苏州市文化金融实践的典型研究来提炼文化金融的成功经验,并结合我国,尤其是苏州市实际,揭示当前文化金融发展中的障碍与问题——"政策错配"与"金融错配";最后借鉴国内外经验与教训,对文化产业的金融支持提出相应的对策建议,并就文化金融发展中的风险控制提出防范措施。具体研究的技术路线如图 1-1 所示。

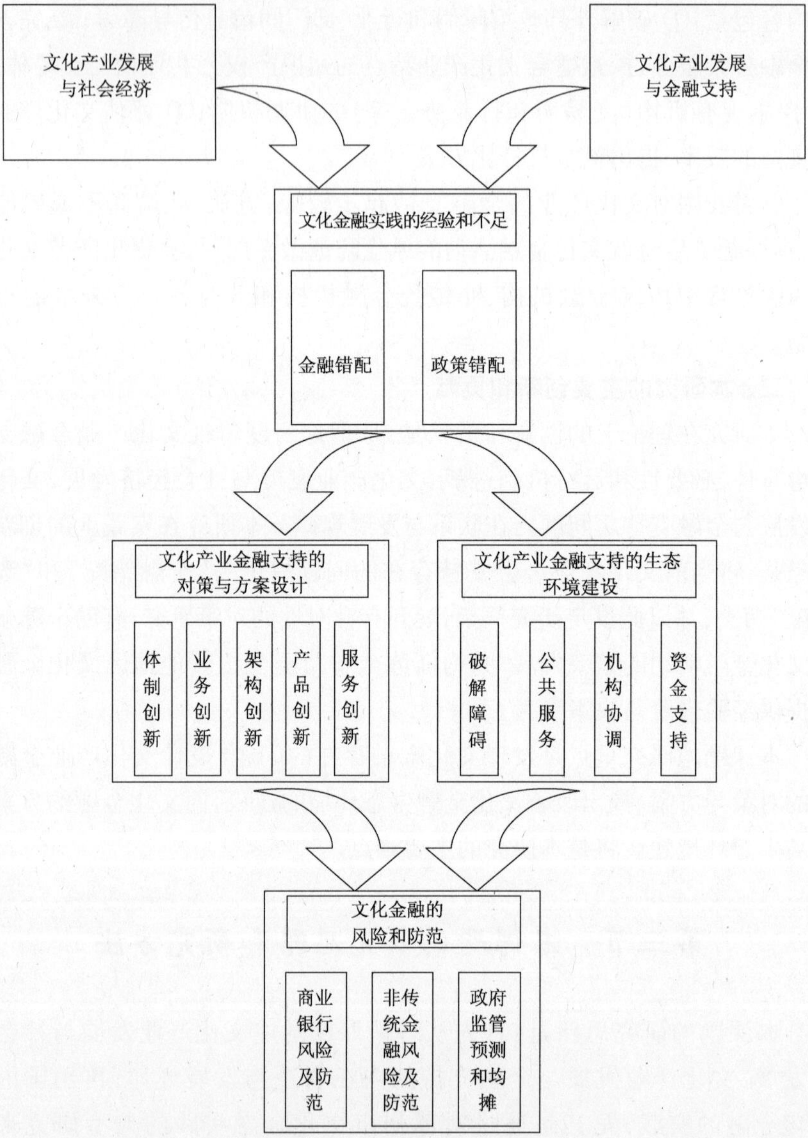

图 1-1　课题技术路线示意

在贯彻该技术路线的过程中，本课题将采用理论分析与调查研究相结合、定性分析与定量分析相结合、案例分析与比较分析相结合等方法进行研究。其中在进行理论分析时利用了多种图书馆资源和业界信息资源，对已有理论文献进行全面深入的推演、归纳与总结；同时通过大量的实地调查和案例分析，寻找文化产业金融支持方面的经验、障碍与问题，为苏州、江苏乃至全国文化金融的进一步发展提供有价值的指引和实用的方案设计。

理论篇

本篇内容包括第二章至第四章。在理论篇我们主要对文化产业的概念、内涵、分类及其特征进行论述；通过对信息不对称理论、金融博弈理论、资产配置组合理论、产业渐进理论、金融生态环境理论和信贷风险理论等的阐述，为文化金融的发展提供理论支持；从文化产业金融支持的路径比较、文化产业融资的产品创新、文化产业金融支持的现状及问题、新兴产业金融支持的机制探索、文化产业投资方式的研究和文化产业金融支持模式比较等视角对相关的研究文献做全面的梳理和评价，以对文化金融的国内外研究现状有充分的了解和认识，为后文“实践篇”和“对策篇”的研究打下基础；讨论文化产业发展与社会经济发展的历史演进，文化产业发展与金融支持的内在联系，以便我们把握文化金融的发展轨迹和演进趋势，推动文化产业的不断繁荣。

第二章

文化产业金融支持的相关理论和研究现状

“文化产业”作为一种经济现象,它的成长与发展都可以从金融学家和经济学家创造的许多理论中找到依据。随着文化产业的发展,对文化产业的金融支持问题国内外许多专家都做了深入的研究,了解这些理论学研究现状,对后文的研究具有重要价值。

第一节　文化产业金融支持的相关理论

一、信息不对称理论

信息不对称理论是指在市场经济活动中,各类人员对有关信息的了解是有差异的。掌握信息比较充分的人员往往处于比较有利的地位,而信息贫乏的人员则处于比较不利的地位。从发生的时间划分,信息不对称可能发生在交易签约之前,称为事前不对称,相对应的信息对策模型是逆向选择模型;信息不对称可能发生在签约之后,称为事后不对称,相对应的信息对策模型是道德风险模型。逆向选择,指的是这样一种情况,市场交易的一方如果能够利用多于另一方的信息使自己受益而使对方受损时,信息劣势的一方便难以顺利地做出买卖决策,于是价格便随之扭曲,并失去了平衡供求、促成交易的作用,进而导致市场效率的降低。理论上讲,道德风险是从事经济活动的人在最大限度地增进自身效用时做出不利于他人的行动。它一般存在于下列情况:由于不确定性和不完全的或者限制的合同使负有责任的经济行为者不能承担全部损失(或利益),因而他们不承受他们的行动的全部后果;同样地,也不享有行动的所有好处。信息不对称理论是由三位美国经济学家——约瑟夫·斯蒂格利茨、乔治·阿克尔洛夫和迈克尔·斯彭斯提出的。该理论揭示了市场体系中的缺陷,指出完全的市场经济并不是天然合理的,完全靠自由市场机制不一定会给市场经济带来最佳效果,特别是在投资、就业、环境保护、社会福利等方面。强调了政府在经济运行中的重要性,呼吁政府加强对经济运行的监督力度,使信息尽量由不对称到对称,由此更正由市场机制所造成的一些不良影响。

二、金融博弈理论

金融活动是由诸多的行为主体共同参与的结果,是一种相互影响、相互依赖和相互制约的博弈行为。参与博弈各方的决策不能不考虑另一方或另几方的反应。为了影响或迷惑对方的判断或决策,参与的一方或多方可能故意制造一些虚假的信息和现象,甚至不惜做出一些暂时的牺牲,为了自己的长远利益有时又不得不做出一些妥协和让步。传统金融理论在分析金融市场行为时,通常假定市场是一个有效的市场,市场价格反映了所有的信息,参与者只能被动地接受市场价格,而不能主动地影响价格,更不能影响对手行为。而现实中,金融市场大多是弱有效市场,一些大的机构投资者不仅能影响价格,而且还通过对信息、成交量和价格的控制来影响其他参与者的决策和行为。机构与机构之间的博弈、机构与散户之间的博弈是金融市场的普遍现象。金融博弈论是利用博弈论方法分析金融博弈论题。博弈理论主要研究相互制约、相互影响的决策参与者的理性决策行为及其决策均衡的理论。博弈分析的目的是使用博弈规则,预测博弈均衡。由于合作博弈中不对称信息的存在,容易导致合作双方的道德风险和逆向选择,从而打破均衡。寡头之间总是长期处于"竞争—协调—再竞争"的均衡博弈中,短期的合作博弈总被长期的竞争所打破。因为,首先打破合作均衡的总能从中获得较大的利益。金融博弈论者认为,在激烈的金融竞争中,先行者具有先发优势,先发优势在竞争中获得的利润要远大于追随者;而且,先发优势有利于先行者增大其在新一轮谈判、协调中的力量和地位,能进一步提高效益和增强竞争力。

三、资产配置组合理论

资产配置强调的是理财概念,是指投资者根据其投资计划的时限及可承受的风险,来配置资产组合。在半强势有效市场环境下,投资目标的信息、盈利状况、规模、投资品种的特征,以及特殊的时间变动因素对投资收益有影响,可以通过分析和组合减少风险,因此资产配置能起到降低风险提高收益的作用。随着投资领域从单一资产扩展到多资产类型、从国内市场扩展到国际市场,单一资产投资方案难以满足投资需求,资产配置的重要意义与作用逐渐凸显出来,它可以帮助投资人降低单一资产的非系统性风险。

从范围上看，资产配置可分为全球资产配置、股票债券资产配置和行业风格资产配置；从时间跨度和风格类别上看，可分为战略性资产配置、战术性资产配置和资产混合配置；从资产管理人的特征与投资者的性质上，可分为买入并持有策略、恒定混合策略、投资组合保险策略和动态资产配置策略。在现代投资管理体制下，投资一般分为规划、实施和优化管理三个阶段。投资规划即资产配置，它是资产组合管理决策制定步骤中最重要的环节。对资产配置的理解必须建立在对机构投资者资产和负债问题的本质、对普通股票和固定收入证券的投资特征等多方面问题的深刻理解基础之上。在此基础上，资产管理还可以利用期货、期权等衍生金融产品来改善资产配置的效果，也可以采用其他策略实现对资产配置的动态调整。不同配置具有自身特有的理论基础、行为特征和支付模式，并适用于不同的市场环境和客户投资需求。

四、产业渐进理论

产业结构是指第一、第二、第三产业在国民经济中的比例，以及各产业内部配置，如轻工业与重工业、劳动密集型与资本密集型等。产业渐进，就是从目前的产业结构升级转移到利润更大更赚钱的产业结构。比如从传统的工厂发展为高技术企业。主要是指产业结构的改善和产业素质与效率的提高。产业结构的改善表现为产业的协调发展和结构的提升；产业素质与效率的提高表现为生产要素的优化组合、技术水平和管理水平以及产品质量的提高。产业渐进必须依靠技术进步。目前有产业结构调整和价值链升级两种认识和思路，从全球价值链（GVC）的视角，有由低技术水平、低附加值状态向高新技术、高附加值状态的演变趋势。在我国，对产业升级概念的理解主要是"产业结构调整"，同时国内也存在与国际GVC视角较为一致的"价值链升级"思路，并在近年来形成了越来越多的研究。所谓的产业升级，实际上就是生产效率的转化过程，就是社会生产效率由低到高的改进和转化，它包含了先进技术、先进手段、先进管理、先进观念等在现有产业中的运用，或者创立新的产业，是整个生产体系的改进和提高。产业升级是一个系统化工程，它是微观产业体系和企业在市场竞争推动下的自觉行为，是从量变到质变的积累，是一个逐步演化和提升的过程。通过市场竞争，淘汰那些低效率的生产，或者把低效率的生产转化为高效率的生产，从而发展高效率的生产，实现国民经济的效率化。在产业升级过程中，政府可以制定政策指引，做好区域产业规划，制定产业发展目标，在税收等市场法规方面作出限制和优惠，当好管理者和裁判者的角色。

五、金融生态环境理论

金融生态是指对金融的生态特征和规律的系统性抽象，本质反映金融内外部各因素之间相互依存、相互制约的有机的价值关系。第一，金融生态是一种价值关系，反映金融业运行的内在的价值规律。第二，金融生态的价值关系是有机的，具有有机体所固有的金融生态特征。第三，金融生态理论揭示了金融业内外部因素之间的相互依存、相互制约的关系。第四，金融生态是指对金融的生态特征与规律的系统性抽象。广义上的金融生态环境是指宏观层面的金融环境，指与金融业生存、发展具有互动关系的社会、自然因素的总和，包括政治、经济、文化、地理、人口等一切与金融业相互影响、相互作用的方面，主要强调金融运行的外部环境，是金融运行的一些基础条件；狭义上的金融生态环境是指微观层面的金融环境，包括法律制度、行政管理体制、社会诚信状况、会计与审计准则、中介服务体系、企业的发展状况及银企关系等方面的内容。金融生态环境是依照仿生学原理来发展建立金融体系的良性运作发展模式。金融生态理论被提出的主要诱因是当前我国金融生态环境恶化，金融生态系统失衡。这一状态如果不果断地加以改变，将威胁金融业的稳定，对经济发展造成巨大的损失。

六、信贷风险理论

信贷风险的类型可以从总体上划分为市场性风险和非市场性风险两类。市场性风险主要来自企业（借款人）的生产和销售风险（即借款人在商品的生产和销售过程中，由市场条件和生产技术等因素变动而引起的风险）；非市场风险主要指自然和社会风险。自然风险是指由于自然因素使借款人蒙受经济损失，从而无法偿还信贷本息的风险；社会风险是指由于个人或团体在社会上的行为引起的风险。一般来说，商业银行信贷风险具有以下特征：

（1）客观性。只要有信贷活动存在，信贷风险就不以人的意志为转移而客观存在，确切地说，无风险的信贷活动在现实的银行业务工作中根本不存在。

（2）隐蔽性。信贷本身的不确定性损失很可能因信用特点而一直为其表象所掩盖。

（3）扩散性。信贷风险发生所造成银行资金的损失，不仅影响银行自身的生存和发展，更多的是引起关联的链式反应。

(4) 可控性。指银行依照一定的方法、制度可以对风险进行事前识别、预测,事中防范和事后化解。

商业银行的信贷风险主要有:

(1) 操作风险。操作风险是指由不完善或有问题的内部程序、人员及系统或外部事件所造成损失的风险。依据风险成因可分为失误风险和操作策略风险。前者主要与内部控制效率或管理质量有关,又称为内部风险;后者主要与外部事件有关,又称为外部事件或外部依存风险。

(2) 担保风险。信贷担保只是分散了信贷风险,提供了一种补偿功能,但它不能改变借款人的信用状况,也不能保证足额偿还信贷,因此不能从根本上消除信贷风险。缺乏判断抵押品评估机构评估资格和识别评估结论准确与否的标准。

(3) 道德风险。在目前中国商业银行的产权体制下,进行信贷决策的个人大多不拥有与其职权相适应的产权,决策人员对信贷所创造的风险和收益所承担的责权利也是不对等的,这是决策层存在道德风险的根本原因,具体表现在决策行为的非市场化,对高级管理层的约束力软化,对违规行为反应迟钝等。

第二节　文化产业金融支持的研究现状

一、国内外文化产业金融支持的路径比较

总体看来,西方发达国家文化产业发展的主要投融资方式包括银行贷款融资、并购重组融资、无形资本融资、跨国融资和投资基金融资(欧培彬,2009)。在美国,好莱坞投资浪潮缘起于1995年将投资组合的理论运用于电影投资,保险资金和退休资金蜂拥而至,电影投资基金的募集通常是由私募基金以高收益债、低收益债和优先股等不同品种的金融产品吸引风险承受能力不同的投资者而完成。日本、美国、韩国等动漫行业占世界该行业大部分的份额,其蓬勃的发展也离不开通过向银行或其他社会组织贷款的方式融资、投资商融资、文化产业发展基金、风险投资等融资方式的有效运行(郑若伊,2009)。

在我国,文化产业的金融支持也在迅速发展。黄蓉平(2008)对发展石林民族文化产业进行了实证分析,他依次介绍了石林民族文化发展现状、信贷对石林民族文化产业的支持和发展石林民族文化产业的主要问题,并在

创新金融扶持效应的建议中强调了政府和金融服务的多样化。人民银行丽江市中心支行课题组(2005)和人行丽江中支、云南财经大学金融学院联合课题组(2007)在对金融支持丽江旅游文化产业可持续发展个案研究中,强调金融机构要积极为旅游文化业提供更优质的金融服务,要继续大力发展资本市场,拓宽融资渠道。但同时也从影视业出发,通过统计、案例分析等手段,归纳该行业的金融特征为风险较高、价值评估困难、风险收益比较低(薛继增,2010)。

二、文化产业融资的产品创新

从具体金融产品出发,可借鉴引入国外资产支持证券(ABS)模式,将相对缺乏流动性的资产转化为高流动性的金融商品,有效地进行融资。ABS模式可解决我国文化产业资金短缺问题,改善文化企业的资本结构,又可丰富金融产品种类,使投资多样化,促进资本市场的进一步发展和文化金融体系的完善(冼雪琳,2010)。保险公司可以开展信用保险业务,弥补现行信用担保体制在支持融资方面的不足,为文化企业融资提供保险保障支持,汇聚信贷、证券、保险等多种市场资源,整合各方面的力量,优势互补,推动金融资本与文化产业进行有效对接(李慧,2011)。也有通过构建"四位一体"的多层次契约关系,对艺术品质押贷款存在的定价保真、变现、担保和托管四个技术性难题实现突破,发放艺术品质押贷款,完成艺术品与银行贷款的有效对接(柳中波、杨金柱,2011)。

三、文化产业金融支持的现状及问题

国内对于文化产业金融支持的现状及问题研究主要是从各地经验出发,例如对陕西省(陈涛,2010;汪洋,2010)、甘肃省(陶君道,2010)、青岛市(张松梅,2010)、济宁市(高雷,2010)等地方文化较为浓厚的省市进行调查研究及案例分析得出结论,当前我国文化产业金融支持仍存在资金供需不平衡、贷款结构不均衡、金融支持方式单一等问题,同时文化产业自身的特性、文化体制改革不到位以及金融机构对文化产业认识的不足也成为制约文化产业金融支持的主要瓶颈。因此,提出加快金融支持文化产业的产品创新、深化文化体制改革、利用财政税收手段加大民间资本进入文化产业力度、构建面向文化产业的多元化金融服务平台等相关政策建议。

四、新兴产业金融支持的机制探索

新兴产业具有高投入、高风险、高回报的特征,迫切需要金融支持来拓宽其融资渠道,并构建风险分担机制。首先,新兴产业的发展需要政策性金融支持机制和市场性金融支持机制的配合,以及以信贷市场为主导的间接金融体系和以资本市场为主导的直接金融体系的支持(顾海峰,2011)。其次,金融机构应加强对新兴产业的融资风险管理,注重提高风险管理的制度化水平和专业化水平(熊良俊,2011),通过多元化主体融资模式规避市场风险(廖辉廷,2011)。此外,还应加强政府机构以及监管部门对金融机构支持新兴产业的指导,引导和鼓励外资金融机构对国内新兴产业发展的支持。

五、文化产业投资方式的研究

花键(2002)指出,推动文化投资应是我国文化产业发展的基本战略之一,积极培育产业投资和风险投资两种文化投资形式,鼓励金融介入文化领域,拓宽文化投资的渠道和来源。吕庆华(2005)指出,要想实现我国文化产业的快速发展,就必须借助资本市场。充分以投资文化经营项目为目的的文化实业投资和以投资文化企业的经营和管理能力为目的的文化风险投资两大方式,筹措文化产业发展需要的资金。卫兴华(2006)指出,民营资本在文化产业市场进程中具有不可替代的作用。纪建悦(2006)认为,多元化、社会化、公共化应该成为文化产业投融资主体的主流方式。张伟(2006)指出,解决我国文化产业投融资问题的关键是选择"国有资本和民间资本结合,以国有资本为引导,以民间资本为主体"的多元化投融资体系。岳红记(2007)和于婷(2008)总结出,企业可依据文化产业项目的可实施性选择以下融资模式:BOT(建设—经营—转让)模式、TOT(移交—经营—移交)模式、ABS(资产支持证券化)模式、PPT(公司合作)模式。

六、国外文化产业金融支持模式归纳

以美英为代表的非政府机构主导型。美国文化产业的金融介入程度比较高,各个文化产业集团已经形成比较完善的融资体制。一些有实力的文化集团如美国广播公司、哥伦比亚广播公司等,其背后都有金融资本的有力支撑。金融集团与文化产业集团间互相渗透,互相参股、控股,二者之间建立了稳定的伙伴关系。资本市场是企业融资的主要来源,同时能够提供全面的管理咨询;设立促进中小企业发展的专门机构,提供担保、风险资金等手段获得银行贷款;设立完善的担保和保险机构,化解投资风险。其特点是文化产业与资本市场对接的机制十分成熟,十分完善的担保机制能够有效化解投资风险(周正兵,2011)。

英国对企业投资文化产业实行"政府陪同资助",即如果企业决定资助文化事业,政府将陪同企业资助同一项活动,该种方式为这项活动的质量和

成功打上“双保险”。政府特别鼓励新投入，即当企业第一次资助时，政府“陪同”企业资助，其比例是1∶1。对于第二次资助，政府则对企业多出上次资助的部分实行1∶2的比例投入。资金的加倍投入，必定会扩大文化活动的规模、质量和影响，广告效应自然倍增。实践证明，这一政策明显地提高了英国企业资助文化事业的积极性，已有3 000多家公司加入了资助文化事业的行列，资金高达近亿英镑（孙永彩、刘琳，2012）。

以法德为代表的政府主导型。政策性金融除了强调专项扶持资金的政策性导向作用之外，更强调政策性担保、政策性投资等政府信用的投资杠杆作用，如无论是德国还是法国，都有国家层次的、具有投资基金性质的管理机构或者基金种类。法国设立金融机构和担保基金化解投资风险，并由政府通过各种方式实现风险补偿，十分注重政府与社会的联动，特别注重政府投入的杠杆效应，注重文化产业投资的风险补偿。

其他模式。日本以通过工程预算管理的“完成担保”以及日本政策投资银行一起组合的形式，投资于日本电影制作公司，构成完成保证制度，吸引金融机构的投资加入，以保证电影的制作完成。通过专业化的制作工程管理和债务保证的方式，为文化企业提供制作完成保证，以提高文化企业的项目完成能力和债务偿还能力，降低文化产业的投资风险〔（日）知识产权战略本部内容专门调查会，2003〕。还有所谓SPC（Special Purpose Company）也是一种融资方式。这种融资方式首先需要设立一个特别目的公司SPC。然后由SPC分别和投资者签订匿名组合合同吸纳投资，再用这些资金制作作品。最终销售完成著作权的分项权，并将销售取得的收益返还给投资者。以电影为例，具体的分项权包括影院放映权，录像带、DVD发行权，电视播放权等〔（日）小坂记，2007〕。

总体来看，现有研究能让我们对文化金融在个别产业、个别地区、个别金融产品上的发展情况和问题有所了解，但仍主要停留在经验层次，没有将文化产业的金融支持提升到理论高度，建立统一的架构，亦不足为较大地区、较大规模文化产业的金融支持提供指导。本课题将从金融支持的基本理论出发，对文化产业的金融支持进行更加系统的研究。

第三章

文化产业与社会经济发展

"文化产业"的出现是社会经济发展到一定历史阶段的产物。作为"产业"的文化是20世纪才开始全面形成的,在"产业"出现后,文化活动的融资就开始遵循产业经济的基本规律。

第一节　文化产业的概念、分类和特点

一、文化产业的概念

虽然"文化产业"在世界上引起普遍关注已逾半个世纪,各国专家学者对这一概念进行了深入研究,但由于人们研究的立场、角度、方法不同,文化产业的概念仍未得到十分严格、统一的界定,甚至没有形成统一的称谓。根据所涵盖的内容比较,"文化产业"在美国叫版权产业(Copyright Industries),在英国、澳大利亚叫创意产业(Creative Industries),在西班牙叫文化休闲产业(Cultural Entertainmental Industries),在中国、德国、荷兰、韩国等许多国家叫文化产业,在中国台湾地区被称为创意文化产业(Creative Cultural industries),还有的国家或学者叫文化工业(Cultural Industry)、内容产业(Content Industries)等。

(一) 国外对文化产业的定义

学术界一般认为,最早提出文化产业概念的是法兰克福学派的马克斯·霍克海默和阿多诺。他们认为,文化生产一旦与科技结合在一起,形成工业化体系,就会产生巨大的能量。当时,该学派将这一体系称为"文化工业"。自从文化产业概念诞生以来,不同的专家学者从不同的角度对文化产业概念进行诠释,提出了自己的定义。

英国曼彻斯特大学贾斯廷·奥康纳(Justin O'colnor)认为文化产业是指以经营符号性商品为主的那些活动,这些商品的基本经济价值源自于它

们的文化价值，它首先包括了我们称之为“传统的”文化产业和“传统艺术”。

英国伦敦经济和政治学院学者安迪·C·普拉特(Andy C. Pratt)认为，文化产业与以文化形式出现的材料生产中所涉及的各种活动有联系，在全球化时代构成一个巨大的产业链，包括内容的创意、生产输入、再生产交易三个链环，相互交融构成庞大的文化产业生产体系。

英国学者尼古拉斯·加纳姆认为文化产业是指那些使用类似生产和组织模式如工业化的大企业的社会机构，这些机构生产和传播文化产品和文化服务。

英国学者大卫·赫斯德哈尔什认为文化产业的本质在于创造、生产和流通文本，文化产业分为核心的文化产业和边缘的文化产业。

美国学者斯科特认为文化产业是指基于娱乐、教育和信息等目的的服务产出，和基于消费者特殊嗜好、自我肯定和社会展示等目的的人造产品的集合。美国的大卫·赫斯蒙德夫认为文化产业通常指的是与社会意义的生产最直接相关的机构。

澳大利亚麦觉里大学的大卫·索斯比认为文化产业就是“在生产中包含创造性，凝结一定程度的知识产权并传递象征性意义的文化产品和服务”，并用一个同心圆来界定文化产业的行业范畴。处于同心圆核心并向外辐射的是音乐、舞蹈、戏剧、文学、视觉艺术、工艺等创造性艺术；围绕这一核心的是那些具有上述文化产业特征同时也生产其他非文化性商品与服务的行业，如电影、广播、报刊和书籍等；处于这一同心圆最外围的则是那些有时候具有文化内容的行业，如建筑、广告、观光等。

澳大利亚学者斯图亚特·坎宁安则认为艺术、文化正在日益广泛地与教育和学习、出版、设计、信息设备及电子商务等内容繁多的服务业相联系，因此文化产业的概念正在不断扩大，对文化产业的界定也应该更具包容性，他更愿意使用“创意产业”一词。

芬兰学者芮佳莉娜·罗马则以金字塔式模型来展现文化产业的概念发展史，该模型总结了文化产业概念的各个方面和涉及的范围，并在此基础上提出了她本人对文化产业的界定：不管从何种角度来界定文化产业都要以艺术+经济+技术为支点，文化产业的大厦正是建立在这三者的基础上，其中的任何一个都根据情况在文化产业中或多或少地发挥着缺一不可的作用。

各国学者从不同的角度和背景对文化产业的概念和内涵进行了界定。学者们对文化产业的定义虽然众说纷纭,但都表达了文化产业的一些核心内涵,如文化产业的内容要素、文化产业的商业价值、文化产业的产业属性等,这给予我们对文化产业的一个基本认识是:西方文化产业的概念主要是指为社会提供文化产品和服务的活动的集合,强调了创意、知识产权等因素的作用。

（二）我国对文化产业的定义

国内对于文化产业概念和内涵的探讨一方面结合国外文化产业的概念,同时根据本国的一些具体情况进行了研究,虽然各种论说不尽相同,但这种一直不断持续的概念探讨,对于我们了解文化产业的功能,明晰文化产业的范围,起到了重要的作用,但直到21世纪初,我国学界对于“文化产业”概念的内涵与外延仍然没有形成共识。

在2003年7月,中宣部牵头,成立了由国家统计局、文化部、广电总局、新闻出版总署、国家文物局等单位参加的“文化产业统计研究课题组”,对文化产业的概念进行科学的界定,并建立中国的文化产业指标体系。2004年3月29日,国家统计局正式出台了《文化及相关产业分类》,首次从统计学意义上对文化产业的概念和范围进行了权威界定。

在《文化及相关产业分类》中将文化产业界定为:为社会公众提供文化、娱乐产品和服务的活动,以及与这些活动有关联的活动的集合。根据上述界定,中国政府将文化及相关产业的范围限定为:提供文化产品(如图书、音像制品等)、文化传播服务(如广播电视、文艺表演、博物馆等)和文化休闲娱乐(如游览景区服务、室内娱乐活动、休闲健身娱乐活动等)的活动,它构成文化产业的主体;同时,还包括与文化产品、文化传播服务、文化休闲娱乐活动有直接关联的用品、设备的生产和销售活动以及相关文化产品(如工艺品等)的生产和销售活动,它构成文化产业的补充。

二、文化产业的分类

最早建立文化产业分类标准的是联合国教科文组织。1986年,联合国教科文组织为了收集各国的文化统计数据,率先制定了文化产业统计框架,并于1993年作了进一步修正,成为规范各国文化产业统计工作以及各国建立自己的文化产业体系的参考标准。联合国教科文组织将文化产业分为十大类别,具体包括文化遗产、出版印刷业和著作文献、音乐、表演艺术、视觉艺术、音频媒体、视听媒体、社会文化活动、体育和游戏、环境和自然。联合国教科文组织的分类在国际范围内形成了一个较为统一的认知标准,为各国文化产业数据的统计奠定了基础。尽管如此,由于国情的不同,各国文化产业解释和统计范围划分上仍旧保持着本国的独特性。

（一）国外对文化产业的分类

1. 美国对文化产业的分类

1990年美国国际知识产权联盟(简称IIPA)开始用“版权产业”概念来计算创意产业对美国整体经济的贡献。为了与国际标准相一致,IIPA采用世界知识产权组织界定的四种版权产业分类法:核心版权产业,交叉产业,部分版权产业,边缘支撑产业。所谓版权产业,是指与知识密切相关的行业,具体主要包括出版、商业软件、音像录制、电影及电影发行等方面。按此方法,创意产业几乎全部被列入美国版权产业,所以在美国,版权产业就是创意产业、文化产业。

版权产业又可分为四类:①“核心版权产业”,主要包括广播影视业、录音录像业、图书、报刊出版业、戏剧创作业、广告业、计算机软件和数据处理业等,其基本特征是研制、生产和传播享有版权的作品或受版权保护的产品。②“部分产权产业”,产业内的部分物品享有版权保护,较典型的如纺织、玩具制造和建筑业等。③“发行类版权产业”,主要是以批发和零售方式向消费者传输和发行有版权的作品,如书店、音像制品连锁店、图书馆、电影院线和相关的运输服务业等。④“版权关联产业”,其所生产和发行的产品完全或主要与版权物品配合使用,如计算机、收音机、电视机、录像机、游戏机和音响设备等产业。

2. 英国对文化产业的分类

英国20世纪80年代曾使用文化产业的概念,但在1997年后,英国政府又提出发展创意产业,而取代文化产业的概念。英国文体部和创意产业特别工作组定义创意产业为:源于个体创意、技巧及才干,通过知识产权的生成与利用,而有潜力创造财富和就业机会的产业。范围包括广告、建筑、艺术及古董市场、工艺、设计、流行设计与时尚、电影与录像带、休闲软件游戏、音乐、表演艺术、出版、软件与计算机服务业、电视与广播等13个行业。

3. 加拿大对文化产业的分类

加拿大统计局把文化部门定义为以艺术创造表达形式、遗产古迹为基础引起的各种活动和产出。以此为标准,加拿大文化产业统计框架包括:

(1) 传统艺术和文化行业:① 创作和出版;② 电影;③ 广播;④ 声音录

制和音乐出版;⑤ 表演艺术;⑥ 视觉艺术和手工艺术;⑦ 节日。

(2) 现代艺术活动:① 建筑;② 设计;③ 摄影;④ 广告。

(3) 遗产古迹:① 博物馆和画廊;② 图书馆和档案馆;③ 自然保护区(公园、植物园、动物园、历史名胜、天文台等)。

(4) 支持设施:① 艺术和文化教育;② 政府活动;③ 相应设备;④ 专业协会;⑤ 代理机构、发起人等(如票房代理等)。

包括上述各个部分的创作、生产、保存、组织支持和服务、制造、销售、消费等整个经济活动链的供需情况。

4. 日本对文化产业的分类

日本官方文化产业概念主要包括音乐、戏剧、电影、展览等文化艺术业,电视、网络等信息传播业,体育、博彩和观光旅游等,统计口径较宽。

5. 韩国对文化产业的分类

韩国统计厅的文化产业统计指标包括:出版印刷、音像、游戏、电影、广播、演出及其他文化产业(建筑、摄影、创意性设计、广告、新闻、图书馆、博物馆、工艺品及民族服装、艺术文化教育等)。

6. 澳大利亚对文化产业的分类

澳大利亚统计局下属的全国文化和休闲统计中心制定和颁布了《澳大利亚文化和娱乐分类》,这一分类包括行业分类(4 种)、产品分类(26 种)和职业分类(9 种)三大块。在行业分类里,澳大利亚的文化和娱乐产业被划分为遗产类、艺术类、体育和健身娱乐类、其他文化娱乐类四大类。

(二) 我国对文化产业的分类

2003 年 7 月,由中央宣传部牵头,成立了由国家统计局、文化部、广电总局、新闻出版总署、国家文物局等相关部门组成的"文化产业统计研究课题组"。2004 年 3 月 29 日,课题组在现有《国民经济行业分类》的基础上经过攻关研究,首次制定了《文化及相关产业分类》标准,由国家统计局发出《关于印发〈文化及相关产业分类〉的通知》,首次从政府统计的角度对文化及相关产业进行了全面的界定。

《文化及相关产业分类》将文化产业分成三个大类 80 个小类:

1. 核心层

核心层包括新闻、出版、广电和文化艺术等,主要是新闻出版总署、广电总局、文化部管理范围,其文化产品的社会效益极为重要,与意识形态领域高度相关,肩负着推进中国的精神文明建设和文化现代化(甚至全面现代化)的使命,体现国家和民族的精神品位、文明程度和总体文化(特别是文学艺术和人文学术研究)水准的高低。这决定了它们不应该也不能够卷入商品化的漩涡,否则,将导致文艺创作的庸俗化和人文社会科学研究的取消。

2. 外围层

外围层包括网络、娱乐、旅游、广告、会展等新兴文化产业,产品的商品价值与市场价格基本相一致,以娱乐大众和创造利润为宗旨,可以而且应当产业化。这类文化产品(如畅销书、音像制品等)或服务(如演出),大多是直接为广大群众所消费的精神消费品,在文化市场完全可以实现自我生存和盈利,也就有条件实现产业化和市场化。

3. 相关服务层

相关服务层包括早已市场化了的提供文化用品、文化设备生产和销售业务的行业,主要指可以负载文化内容的硬件产品制作业和服务业。

三、文化产业的特征

(一) 文化产业首先要具有文化特征

文化产业、文化事业与思想道德(意识形态)建设同是文化的重要组成部分。文化产业是文化要素的产业化,它的生产要素是抽象的文化,文化要素是文化产业的基础和内容,虽然抽象的文化离不开具体的物质载体,但其中抽象的文化要素的重要性所占比重要远远大于具体的物质载体。它的发展既要遵循市场经济的一般规律,又必须遵循文化自身的发展规律,社会效益最大化是其必然追求。所谓社会效益,是指活动的结果对社会全面进步所发生的影响。文化产品的社会效益主要表现为:指向功能,引导功能,服务功能,净化功能。文化产品必须能够提高人们的科学文化水平与思想道德水平。

(二) 作为产业,文化产业要具有经济特征

文化生产力是社会生产力的重要组成部分,文化产业的文化生产力性质决定了文化产业具有经济基础性质。文化产业把文化要素作为经营对象,以社会需求为导向,以产权为纽带,以现代企业制度为产业运营的基本模式,形成科学的内部管理机制与合理的产业运营机制,以市场为基础合理配置文化资源,按现代产业专门化生产的要求组织文化生产要素,把生产、再生产、传播、消费诸环节整合为一个完善的产业系统,使文化产业在国民经济运行机制中建立起与国民经济发展需要相适应的产业结构,实现文化产业的集约经营、联合经营、规模经营、效益经营,使文化产品的生产和服务

经营社会化、市场化、综合化和法治化，走本业为主，多种经营，综合发展之路，促进国民经济和社会的全面发展。文化产业是一个由核心产业、相关产业和延伸产业构成的完整的产业群。文化产业企业则主要面向市场，依法经营，自我积累，自我发展，文化产业企业必须追求经济效益。所谓经济效益，即从市场经济观点出发提出的衡量标准，追求利润最大化。

（三）文化产业的内涵和外延具有发展特征

经营性文化产业一般是与公益性文化事业和社会意识形态相对应的概念，基本上来说它介于文化与第三产业服务业之间，是经济文化化与文化经济化、文化与经济融合发展的结果。同时随着经济社会的不断发展，文化被广泛地应用到各项经济活动中去，这就促使一些相关产业不断地加入到文化产业中来，文化产业的内涵和外延将随着文化产业实践的不断发展而发展，从而使文化产业的外延不断扩大，文化产业相应地具有了发展特征。从这个意义上讲，“文化产业”概念也是一个正在发展变化中的概念。文化产业的行业界定和产业分类既不能割断历史，又要从现实情况出发，同时还要具有预见性。也就是说，一要考虑本国的国情与历史文化背景，各国政府对文化产业存在不同的行业界定和分类标准。这些差异既是各国经济、文化、政治等国情差异的反映，也是各国对文化产业的性质、功能等方面认识上的差异的反映。二要反映经济社会的发展、科技的进步和产业结构的变化，其范围随着国家管理体制的改革和经济社会的发展而不断变化。三要保持开放性，其标准的制定要随着文化产业发展而发展，随着各方面情况的变化及时增加新兴的行业内容，删减过时的行业类型。四要研究和制定文化产业的行业界定和产业分类，还要尽可能与国际保持一致，在总体结构框架方面与联合国的分类标准接轨，以便于进行比较研究。

第二节　文化产业与社会经济发展

一、文化产业的历史

尽管从历史角度看，文化产品的交换和买卖活动随着人类社会商品经济的出现就已发端，但是真正意义上的文化产业是在社会发展到一定程度后，由市场经济和科学技术共同推动实现的。如果没有广阔的市场体系以及文化产品生产技术的支持，仅靠传统的生产方式和低级市场，现代文化产业就不会取得如此举世瞩目的成就。从某个层面上来说，技术对文化产业的产生和发展起到了至关重要的作用，文化产业从萌芽到兴盛无不与生产技术的不断进步相关。

例如，作为文化产业的一部分——出版业的兴起和发展是建立在纸张的发明和印刷技术创新的基础之上的。在古登堡印刷术发明之前的中世纪欧洲，书籍大部分是用草纸或羊皮纸制作的手抄本，书籍还是采用手工方式生产，不仅数量稀少而且价格昂贵，只能是一种在社会上层使用的奢侈品。书籍等印刷品的这种超高价格让普通民众望而却步，使得其很难被广泛推广和流传。从 14 世纪开始，随着人造纸张、雕版印刷、金属活版印刷的相继出现，给欧洲出版业带来了历史性的革命。造纸术、印刷术的应用和传播使欧洲图书出版情况发生了翻天覆地的变化，书籍和其他印刷品以此前无法比拟的速度传播开来，这使得以大量复制为基础的文化产品逐步诞生。与此同时，意大利出现了近代意义上的第一批出版商人，一些大城市如罗马、威尼斯、佛罗伦萨等都出现了规模不等的专门的书籍销售市场。纸张与印刷技术的进步，不仅使得出版业内开始了大规模的重复生产、流水线作业，让更大批量、更低成本的复制成为可能，也对文化产业所要求的产品规模化、同质化与类型化起到了示范作用，文化产业开始萌芽。

进入 19 世纪以后，伴随着工业革命在英法等国的完成，西方发达国家首先结束了第二次社会转型，进入了工业化社会，以产业为标志的工业革命一方面使得生产组织和经济结构发生了显著变化，另一方面让人们思维模式、文化观念以及消费观念产生了巨大转变。根据恩格尔系数所揭示的规律，需求结构变化表现为物质产品效用的下降和文化产品效用的提高。消费者的消费需求成为产业结构升级的力量，进而成为拉动文化产业发展的内在动力。从这个层面上讲，技术进步给文化消费者提供了消费的可能，而人们消费需求的不断扩张又要求技术不断升级，以满足文化产品生产的技术支持。

进入 20 世纪后，科技革命和信息革命极大地改变了人类社会的生产及生活方式，电话、电报、广播、电影、电视和网络等相继产生，人们的视听范围得到了突破性拓宽，对文化产品的需求欲望不断提升。而技术的发展和飞跃使原先个体性、一次性的文化生产与传播成为标准化、模式化的生产，并可以通过复制批量生产和传播。文化产品中渗透的经济、商品要素日益增强，我们可以清楚地看到，技术以前所未有的速度和规模入侵文化领域，产生出新的文化方式，催生了一种以工业生产方式制造文化产品的行业，作为技术进步的必然成就之一的文化产业开始兴起。

二、文化产业与社会经济发展

(一) 文化活动的资金来源演变

作为“产业”的文化是到20世纪才开始全面形成的,在“产业”出现后,文化活动的融资来源就开始遵循产业经济的基本规律,即按风险—收益匹配原则,寻求内部和外部融资。考察形成“产业”之前文化活动的资金来源演变,能够为文化产业的融资渠道提供一些启示。

1. 贵族自有资金、自主运营

无论我国还是西方,在近代以前的相当长时间内,文化活动都是社会中较高阶层(如西方的贵族、我国的士大夫阶层,在不至于影响理解的情况下,概称为“贵族”)精神享受的一部分。这种文化活动所需的资金来自于贵族的自有财产。譬如我国国画中的“文人画”,我国戏曲中的昆曲,就是文人自娱自乐,在画、戏中抒发文人思想的作品。这样的文化活动不用担心资金来源,其规模通常较小,且规模大小完全取决于该阶层的兴趣所在,也不以迎合观众、获得经济回报为目的。

2. 贵族支持和赞助

除了自发从事文化活动外,贵族获得文化精神享受的更主要途径是向专门文化从业者提供资金赞助,激励他们生产文化产品。譬如我国古代的“院体画”,就是由专设的画院、翰林院等机构中的专业画家创作的作品。又譬如意大利佛罗伦萨的美第奇家族,曾赞助过文艺复兴时期最著名的“文艺复兴三杰”达·芬奇、米开朗基罗和拉斐尔。这些文化活动既要服从艺术自身的规律,又要在一定程度上迎合资助者的要求,譬如“院体画”为迎合帝王宫廷需要,多以花鸟、山水、宫廷生活及宗教内容为题材,要求用笔设色工整细致,富丽堂皇,构图严谨,色彩灿烂,而文艺复兴时期艺术家所绘画的基督面容,反映的是作为神职人员的赞助者对基督形象的看法。

在西方进入资本主义社会后,艺术赞助人制度得到了保留,并且仍然是目前西方正统艺术活动资金的主要来源,只是现在的赞助者由过去的贵族演变成了依靠自我奋斗获得财富的资本家及其后代家族设立的基金会,而在这种赞助—被赞助关系中的“资金供给—利益表达”关系也变得更加隐蔽和含蓄。

3. 文化生产者自负盈亏

在资本主义生产方式发展和商品社会形成的过程中,普通民众逐渐成为了文化产品最主要的消费者。面向大众的文化活动有利可图，可以不依赖外部资金的输入而自行生存和扩张，以文化养文化。早期面向大众的文化活动，其资金来源大部分是文化产品生产者的自我积累。譬如我国封建社会后期出现的民间画，就是专以绘画为生存手段的街头艺人的作品，而19世纪形成的京剧，也是由“戏班子”这样的商业性演出组织（包括“老板”、“伙计”这样按商业地位不同而区别的成员）向市民提供的文化产品。为了销售文化产品，获得资金，直接面向大众的文化活动必须迎合大众的口味，譬如民间画就较为艳丽热烈，而京剧在剧本、曲调上相对于昆曲也更加有“俗”的特征。

4. 国家扶植文化产业

经过了资本主义的繁荣，人类生产力有了极大提高。在物质生活条件较为充裕的时候，人们的需求逐渐由物质转向精神层面。同时，发达国家在经历过工业文明的积累后面临着发展的瓶颈，急需寻找新的经济着力点。文化产业成为一个很好的选择。

北美洲方面，以美国为典型。美国国内文化组织主要分为公益性文化机构和经营性文化机构。美国实行商品价外税，文化机构申请成为非营利性机构时，可同时申请豁免纳税的特殊优惠。同时，不论是政府、基金会、其他社会团体、企业还是个人都可以对文化产业投资。美国政府主要通过国家艺术基金会、国家人文基金会和博物馆学会对文化产业给予扶持、资助，而企业、基金会和个人是美国文化艺术团体的主要社会投资者。

欧洲方面，以英国为代表。中央政府对文化产业的管理主要体现在两个方面：一方面政府仅仅管理娱乐、表演、展览等小范围的文化行业，逐步过渡到统管几乎涉及所有行业的大范围的文化产业；另一方面英国政府始终从宏观上坚持通过制定和监督文化政策实施的方式，对文化产业的发展发挥着领导和调控作用，不对艺术团体和文化机构的具体经济行为进行直接干预。

亚洲方面，以日本为代表。日本在构建生活大国的愿景下，提出了“文化立国”和“知识产权立国”战略。日本文部省直接管理文化事业，而经产省则从经济的角度管理文化产业。日本实行的现代市场经济体制是以市场价格机制为核心、国家适度干预为特征的，并在此基础上推行“市场经济+行政指导”的经济行政运作机制，这是保证日本经济，尤其是文化产业迅猛发展走向成功的一个非常重要的基础性体制因素。

从资金来源角度看，文化活动经历了从贵族到大众，从非商业到商业的演变，而文化活动的形式和内容也要反映出资金提供者的利益和偏好。这一规律在当今已成为产业的文化活动中仍然有效，即为文化产业提供金融支持的商业主体，能够在文化产业提供的产品中，获得除经济利益以外的非物质利益。

（二）文化产业与“知识经济”的发展

在人类进入21世纪的今天，知识增进速度之快、规模之大、作用之广、影响之深远，达到了令人难以置信的地步。而探索和积累知识，本身就凸显着一种社会文化因素。

知识经济，顾名思义就是以知识为基础的经济。这里的以知识为基础，是相对于现行的“以物质为基础的经济”而言的。现行的工业经济和农业经济，虽然也离不开知识，但总的说来，经济的增长取决于能源、原材料和劳动力，即以物质为基础。知识经济是人类知识，特别是科学技术方面的知识积累到一定程度，以及知识在经济发展中的作用增加到一定阶段的历史产物。知识经济与以往经济形态的最大不同是，其繁荣并不直接取决于物质资源、物质资本、硬件技术的数量、规模和增量，而是依赖于知识或有效信息的积累和利用。而且正如美国经济学家罗默在其提出的“新增长理论”论证中指出的：知识的投入不再遵循效益递减规律而是效益递增。这样，知识不仅是经济效益的巨大来源，同时也是重要的驱动器。知识经济的特点表现在：知识经济是促进人与自然协调、持续发展的经济，其指导思想是科学、合理、综合、高效地利用现有资源，同时开发尚未利用的资源来取代已经耗尽的稀缺自然资源；知识经济是以无形资产投入为主的经济，知识、智力、无形资产的投入起决定作用；知识经济是世界经济一体化条件下的经济，世界大市场是知识经济持续增长的主要因素之一；知识经济是以知识决策为导向的经济，科学决策的宏观调控作用在知识经济中有日渐增强的趋势。“文化产业”是关于文化的经济产业，其中必包括知识生产的产业化，这体现了文化产业中的知识生产之特点。这样，在现代社会背景下，知识经济地位的提升，成为文化产业兴起的最有影响的经济文化背景。

总之，知识经济的发展，成了世界文化产业兴起的必要条件。文化产业正是伴随知识经济的来临及蓬勃发展而兴起的。

（三）文化产业与“信息经济”的发展

当代世界经济，由科技创新的推动形成了大规模的“产业信息化”与

"信息产业化"的过程。这是生产力发展的又一次革命。从20世纪下半叶以来,出现了以IT为基础的、计算机技术和网络技术相融合的新技术革命。这共同构成了信息革命的物质基础。

在信息经济的发展中,计算机由初级到大型、超大型,之后又走向小型化、家庭化,向更广泛的网络化发展。这形成了进入各个领域乃至千家万户的信息网,尤其是随着Internet走向商业化,网络更是突破了各种组织、民族及国家的限制,成为一种广域的文化载体。

在信息化时代,文化产业的范围不但包括传统的、物质化的手工制品,还包括各种媒介上所传播的印刷品内容(报纸、书籍、杂志等)、音像传播内容(电视、录像、广播和影院)、电子出版物内容(联机数据库、音像制品服务、电子游戏等)、用以文化消费的各种软件等。这些内容合在一起,可以概括为一次现代传媒的信息革命。

现代传媒信息革命对人类当代文化的发展和艺术文化生态格局正产生着巨大影响:科技的发展引起社会主导传媒形式的变化,而主导传媒形式的变化则引起了文化生态格局的全面改变。不仅传统的文化形态"升级换代"或全面更新,而且大量崭新的文化形式被创造出来:游戏、动画、影音、数字出版等以往与文化关系不大的领域,现在都被纳入到了"文化"产业中,而网络这种新型技术方式也塑造了适应网络文化的一代新人、一代新的消费者和一种新的消费方式。

(四)文化产业与"创意经济"的发展

在国际社会的变化过程中,如果说前些年人们十分关注对"知识经济"和"信息经济"的研究,那么现在则更加重视"创意经济"的问题。如果单独讲"创意",应当说它不只体现于文化创作中,而是体现于任何一种创造之中。而由经济来谈"创意",其涉及的领域也是很宽泛的,并不一定特指"文化创意"。

在历史上,著名经济史及经济思想家熊彼特,可以说是最早真正由"经济"来谈"创意"的学者。他很早就提出现代经济发展的根本动力不是"资本"而是"创意"的思想。后来,经济学家罗默在1986年曾撰文指出,新创意会催生出无数的新产品,创造广阔的新市场,提供大量获取财富的机会,所以新创意是推动经济发展的巨大原动力。

至此人们从经济角度而重视"创意",又越来越把"文化创意"乃至"文化创意产业"独立地突出起来给予特别重视。霍金斯专门写的《创意经济》

一书，其中一开始就特别注意结合“文化创意”来论述“创意经济”的概念。虽然当时他还只是认为，创意经济由专利、版权、商标和设计这四种工业环节组成；但他又十分强调，所谓文化创意，这是指文化的原创性、创新性，是指蕴含在文化产品和文化活动中的独特内容与崭新形式。后来人们愈益集中地认为，关于强调文化的创意产业，准确说应当是“文化创意产业”。任何一种文化创意活动，都要在一定的文化背景下进行，但创意不是对传统文化的简单复制，而是凭借人的想象力和灵感，借助现代科技对传统文化资源的再提升。文化创意产业属于知识密集型新兴产业。按照联合国教科文组织的概括，文化创意产业包含文化产品、文化服务与智能产权三项内容。其主要具备以下特征：首先，文化创意产业具有高知识性特征。文化创意产业与信息技术、传播技术等的广泛应用密切相关，呈现出高知识性、智能化的特征。其次，文化创意产业具有多附加值特征。文化创意产业处于技术创新和研发等产业价值链的高端环节，文化创意产品的附加值比例明显高于普通的产品和服务。另外，文化创意产业具有强融合性特征。文化创意产业作为一种新兴的产业，它是经济、文化和高新技术相互融合的产物。其打破了传统产业界限，有很强的辐射力和渗透性，为发展新兴产业及其关联产业提供了良好条件；可以在关联中相互融合，带动相关产业发展，推动经济发展；可以辐射到社会的各个方面，渗透于提升民众创意能力和文化消费的方方面面。

（五）文化产业与制度、法律的发展

文化产业发展最重要的前提之一便是对知识产权的保护。在美国，文化产业又被称为“版权产业”，注重立法对拥有版权的物质产品的保护，鼓励对享有版权的作品的再创作、复制、生产和传播。得益于早期的重商主义，知识产权制度得以萌芽和发展。知识产权作为一项社会构造，其产生的根源是资本主义兴起后在贸易政策上规制商业竞争的需要。就目前来说，发达国家为了缓解进出口压力、转嫁经济危机，更加重视知识产权的运营与布局，在国际贸易中不断推行新贸易保护主义。早期的知识产权制度，只是以知识产权创造者为中介延续了商人利益的保护。商人始终是知识产权制度产生与发展的推动者，也是知识产权保护的最大受益者，知识产权保护的实质，在于有限垄断的创设与执行，在于限制竞争、规制商业贸易从而确立商人对于某一贸易形式独占经营的权利。文化产业商品与服务的性质决定其适用相关知识产权保护，《与贸易有关的知识产权协定》规定适用《保护工业产权巴黎公约》《伯尔尼保护文学和艺术作品公约》《保护表演者、录音制品制作者与广播组织国际公约》《集成电路知识产权条约》等知识产权国际公约。因此,全体世界贸易组织成员均应视为上述四个公约的成员,应履行公约义务。《与贸易有关的知识产权协定》对各成员方的要求主要是按照世界贸易组织的规则建立保护知识产权的法律法规和执法体系。

知识产权制度作为西方文明的产物,对中国来说是一个“舶来品”。从清朝末年近现代意义上的知识产权制度在中国出现,一直到2001年中国加入世界贸易组织,这段期间是知识产权保护制度的被动确立期。从2001年我国加入世界贸易组织,到2008年《国家知识产权战略纲要》的颁布,这段时期是我国知识产权保护制度的调整适应期。随着建设创新型国家的不断深入,自主创新被提到了战略的层面。我国知识产权保护也逐渐摆脱了对外来压力的关注,开始审视内在的需要。一方面,对知识产权制度的作用进行了重新思考,逐渐认识到知识产权制度对经济、社会发展的重大意义;另一方面,对我国所处的国际环境进行了重新审视,认清了当今国际社会发展的趋势。在这个基础上,我国提出了实施知识产权战略、实现自主创新的口号,并于2008年颁布《国家知识产权战略纲要》,明确提出把中国建设成为知识产权强国的伟大目标,大幅提高自主知识产权水平,明显改善知识产权保护状况。以此为转折,我国知识产权保护制度进入了主动选择的时期,并积极参与国际知识产权规则的制定,更有意识地在国际贸易中运用知识产权规则保护自主知识产权。

第三节 文化产业的发展趋势

一、文化产业的全球化

全球化是市场经济发展到一定程度的必然结果,市场激烈的竞争打破了国家和地域限制,也把世界各国的经济连为一个整体,营造了无边界的统一市场。当代社会的一个突出特征就是全球化趋势日益明显,在这种大趋势的背景下,全球化的影响力和扩散力不会仅仅停留在经济和国际交往的层面上,文化全球化正日益凸显出来。经济与文化之间存在着相辅相成的关系,任何一种文化都是对某种生产方式以及生活方式的认识与表达。如果一定的生产方式或生活方式被改变,那么,附着其上的文化也必然会改变。经济全球化决定了文化全球化是一种必然的趋势。随着全球交通和传播技术的不断发展，不同文化的交往日益密切，促进了全球范围内文化消费市场的形成，使各国文化消费种类、文化价值观念日趋国际化，这有利于各国文化产品在全球范围内的生产和销售，从根本上推动文化产业的迅速发展。在一些发达国家，文化产业已成为其国民经济的支柱性产业，创造出可观的经济效益。美国是全球文化产业的龙头，其他发达国家如日本、法国、德国、英国等文化产业在国民经济中也占有相当大的比例。

从现代文化产业生产要素优化整合的意义上来说，只有在全球范围内对文化资源进行国际化整合和配置才能实现其产业价值，获得高额利润。文化产业对文化资源的国际化吸收和整合的态势日渐明朗。美国派拉蒙影业公司制作的动画片《功夫熊猫》，就是一个鲜明的例子。该影片大量使用了中国文化元素（如熊猫、中国功夫以及类似于武当山的和平谷等），正是这些中国元素的加入使得其不再局限于美国国内电影市场，其全美首映票房为60 239 130美元，全美累计票房为224 637 586美元，海外累计票房为349 200 000美元，在国内外市场都取得了丰厚利润。另外美国迪斯尼公司制作的动画片《花木兰》在新加坡首映后，经过全球巡回放映，总收入达3亿美元，成为迪斯尼公司生产的利润最高的影片之一。

文化产品国际化的合作生产也是文化产业全球化趋势的具体表现之一。近年来各国合作生产的文化产品不断增多，如美国电影公司应对日趋激烈竞争的一条策略就是把电影的生产制作移向海外，从而降低生产成本，规避贸易壁垒。2002年，韩国与加拿大、德国签约共同制作电视动画片，总投入500万加元，加拿大出资42.55%，德国为36.17%，韩国为21.28%。另外，影片《泰坦尼克号》实际上是由7个国家的30多家公司协作完成的，其中影片中的特技制作包给了由16家中小技术公司协助的Digital Do-main公司，音乐制作则包给了索尼公司，多方位的合作使该片获得了极大的成功。

文化产品与服务的消费方式、市场流通也日益呈现出全球化趋向。以经营审美、娱乐、享受为特征的符号、图像、文字、设计、声音等文化产品具有全球的流动性。一本畅销书，从《时间简史》到《哈利·波特》都可以在全世界各地以各种文字同时发行。随着文化的产业化，特别是随着文化传播技术的发展，文化产品比起其他产品将会更迅速、更便捷地传播到世界各地。只要允许，在任何一国的文化市场上都可以找到各国的文化产品，任何一国的文化产品都可以进入到世界各国的市场，而且不会遇到货物贸易中经常遭遇到的运输上的困难。

总之,随着经济全球化进程的加速,越来越多的文化产品和服务实现了全球共享,文化产业中的文化资源不再只是某一国或某一地区的内部资源,对文化资源进行国际化整合和利用,文化产品的生产和销售体系也应是更为专业的国际化协作。

二、文化产业的高度集群化

文化产业作为全球发展最快的经济门类,往往会在某一区域自发集聚或在政府主导下实现集聚,从而向集群化发展迈进。文化产业集群的崛起是产业发展适应经济全球化和竞争日益激烈的新趋势,也是文化企业为创造竞争优势、增强核心竞争力而形成的一种产业空间组织形式。

产业集群(Cluster Industries)是哈佛商学院教授迈克尔·波特(Michael E. Porter)在其代表作《国家竞争优势》中提出的一个重要概念和经济现象。它是指"在某一特定领域中,一群在地理上邻近、有交互关联的企业和相关法人机构,并以彼此的共通性和互补性相联结"。产业集群经常向下延伸至销售渠道和客户,并从侧面扩展到辅助性产品的制造商,与技能技术或投入相关的产业公司,以及提供专业化培训、教育、信息研究和技术支持的政府及其他机构等。产业集群的基本特征包括产业的空间集聚性、产业的关联性和产业的根植性。文化产业集群从关联的角度看,一般有以下两种模式:

第一种模式是由产业横向关联而形成的集群,这种集群通常以特定域界内某一主导产业为核心,通过企业间的横向联系,形成多层次的产业群落。其整个集群结构可以解构为四个层次。以影视产业为例,中心层次为影视制作中心;第二层次为辅助性产业,如光盘制造加工业等;第三层次是服务性产业,如科研机构、影视专业人才教育和培训业、产业咨询服务业等;最外一个层次则是新产业的聚集,如旅游业、金融服务、知识产权保护等。

第二种模式是由产业纵向关联而形成的产业集群,即产业链的聚合。产业链(Industrial Chain)是指某种产品从原料、加工、生产到销售等各个环节的关联,是一种或几种资源通过若干产业层次不断向下游产业转移直至到达消费者的路径,如上游的研发、设计,中游的生产制作,下游的销售及服务等。上下游各企业彼此间存在着联动性,它们相互依存、相互关联、相互协作和相互促进,形成类似"珍珠链"的产业链聚合群落。

目前世界上已形成了许多著名的文化产业集群,如美国好莱坞的影视娱乐业集群,纽约的金融服务、广告、出版以及多媒体产业集群。在韩国,首尔的"忠武路"是电影的象征,也是韩国电影产业集群的代名词。自20世纪60年代起,这里就云集着各类影剧院、电影制作公司和各种电影人工作室,其热闹程度不亚于洛杉矶的星光大道和纽约的百老汇。

当下,中国文化产业发展也呈现跨领域、跨行业、跨体制的发展趋势,如何引导这种趋势,在转变经济发展方式的要求下,实现文化产业的集群化,是发展文化产业要重视的。近几年来,文化产业集群化的趋势已引起我国中央及地方政府和产业界的关注。文化产业发达的省市都纷纷建立各种文化(创意)产业园区,如北京大环文化产业园、上海创意产业园、珠海南方文化产业园等,深圳除了创建深圳文化创意产业园外,还探索利用深港之间特殊的地缘优势,建立深港文化产业园区,试图通过创建统一市场来推动文化产业的集群化,构筑文化产业生态圈。可以预见,未来的文化产业,将在不同的域界、不同的层面上形成各种产业集群,且将随着产业的发展而高度集群化。

三、文化产业的广泛融合化

当今世界,文化与经济、政治日益交融,经济社会发展越来越需要文化的引领和支撑。中共十七届六中全会通过了《中共中央关于深化文化体制改革　推动社会主义文化大发展大繁荣若干重大问题的决定》,提出"推动文化产业与旅游、体育、信息、物流、建筑等产业融合发展,增加相关产业文化含量,延伸文化产业链,提高附加值"。这既是加快文化产业发展的需要,也是经济社会发展对文化建设提出的迫切要求。文化产业的内涵是文化,外在形态是产业,产业融合是其本质特征之一。不仅文化产业内部存在融合发展的趋势,而且文化产业与其他产业融合的趋势也日益明显。

融合也是未来文化产业发展的趋势之一。产业融合(Industry Amalgamation)是指不同产业或同一产业内的不同行业通过相互渗透、相互交叉,最终融为一体,逐步形成新产业的动态发展过程。融合不是产业的叠加,叠加是简单的物理行为、物理反应,而融合是化学反应,通过融合而形成新的产业,它从根本上改变了产业的原始形态。

科技的发展是文化产业的第一推动力。"艺术借助科技的翅膀才能高飞",集艺术家和科学家于一身的达·芬奇曾这样断言。20世纪70年代始,正是通讯技术(光缆、无线通讯、宇宙卫星)的利用和信息处理技术的革新,推动了通讯、广播、报刊等传媒的相互融合。20世纪90年代以来,数字、通讯网络、多媒体以及互联网的广泛应用与普及,又推进了出版、影视、音乐、广告等文化产业的融合浪潮，由此，“数字经济”与“数字娱乐”初露端倪。如今仍被文化产业界津津乐道的传媒史上的“天作之合”、世界最大的互联网服务公司美国在线公司，2000 年 1 月以 1 840 亿美元收购世界上最大的媒体公司时代华纳公司，成立新的美国在线时代华纳公司。这一联姻，就是传统媒体产业和网络产业的融合，同时也成为国际产业融合化发展的标志性事件。

从融合的主体上看，文化产业的融合有两种基本模式：

第一种模式是传统文化产业与非文化产业间的融合。这种融合，也就是非文化产业对文化产业的渗透，特别是信息技术的介入，使融合成为可能。当今被称为“拇指经济”的手机短信服务就是明显的例子，即内容 + 通讯技术 = 短信服务。传统的漫画以纸介为载体，而它一旦与三维技术相结合，就产生了动画这一行业。在这里，传统的文化内容通过技术的介入，促成了二者的融合。这就是韩国提出“文化内容产业”（以 3C 技术和成果为基础的新融合）概念的理由。换言之，就是计算机和通讯技术与内容的融合，也就是“数字娱乐”。

第二种模式是文化产业内部的产业融合。这种融合是为了适应社会发展需要，文化产业内部的一种重新整合的状态。1994 年，拥有“主题公园之王”的迪斯尼公司收购了 ABC 公司，使其经营范围涉及媒体网络、影视娱乐、主题公园、游乐场、消费品和互联网等，就是这种融合模式的代表。还有，动画漫画、游戏与教育对接和耦合，使得传统的课堂教学富于娱乐性、游戏化，寓教于学，寓教于乐，促成了教育动漫产业和教育游戏产业的产生。

四、文化产业的投资主体多元化

文化产业被国际社会公认为 21 世纪最具发展前途的“朝阳产业”或“黄金产业”。越来越多的国家将文化产业视为一种战略产业和支柱产业，采取一系列包括经济、法律、行政等在内的积极有效的措施对文化产业进行扶持。

美国联邦政府主要通过国家艺术基金会、国家人文基金会和博物馆学会给予文化产业资助，州、联邦政府某些部门在文化方面也提供资助。但美国文化艺术团体吸引的社会资助主要来自于各大公司、基金会和个人捐助，其数额远远高于各级政府的资助。同时，美国形成了比较完善的融资体制，一些有实力的文化产业集团，如美国广播公司、哥伦比亚广播公司等，背后都有金融大财团的支持。法国政府对文化事业及相关产业给予不同形式的财政支持或赞助。一是中央政府直接提供赞助、补助和奖金等；二是地方财政支持，法国的大区、省、市、镇政府都有支持文化事业发展的财政预算；三是政府通过制定减税等规章鼓励企业为文化发展提供各类帮助，有关企业可享受30%左右的税收优惠。英国通过政府财政拨款支持文化事业、文化产业的实际投资。英国为拓宽文化经营筹措资金的渠道，以法规的形式将国家彩票的部分收入投资于文化设施建设。韩国政府则采取一系列措施，多渠道筹措文化产业发展资金，按照“集中与选择”的原则，有目的、有重点地实施资金支持，在经费上确保文化产业的发展。同时，韩国还设立多种专项基金，扶持相关文化产业的发展。韩国于1997年设立“文化产业基金”，提供新创文化企业贷款。

发展文化产业仅仅依靠政府投入往往会给财政带来沉重的负担。应逐步由政府一元化投入转变为政府、企业、个人、社会多元化的投入，包括银行贷款、上市融资、发行债券、社会资金投入、国外资金投入等。为此，必须打破行业垄断，降低门槛，简化手续，广泛动员外资及民间资本等各种社会力量投入文化产业。对公益性文化项目以政府投资为主，满足人民群众日益增长的文化需求；对营利性文化项目，以政府投资为引导带动社会资本进行投资。随着社会资本在这些领域投入的逐步加大，政府应尽快减少竞争性项目的投资，将竞争性项目的投资让位于民间资本。目前在我国，已有一批国有和国有控股的大型文化企业和企业集团将成为文化市场的主导力量和战略投资者，从而来带动中国文化产业发展。文化企业的现代企业制度建设将刻不容缓，要通过支持和鼓励大型国有文化企业集团实行跨地区、跨行业兼并重组，着力培育一批实力雄厚、具备竞争力和影响力的大型骨干文化企业，以增强国有文化资本的控制力和影响力。同时，随着市场准入的放宽和政府扶持力度的加大，民间资本进入文化产业的步伐明显加快。例如，上海盛大网络发展有限公司、深圳华强文化科技集团、云南丽水金沙演艺有限公司等一批民营文化企业成长迅速，成为发展文化产业的生力军。

五、文化产业的政策支持化

文化产业是一种真正意义上的绿色、朝阳产业，具有深厚的内涵、广阔的发展空间和可持续发展的巨大潜力。文化产业具有意识形态属性，世界各国都推出了一些政策来发展本国的文化产业。世界各国的经济、政治和文化背景不同，因此，对待文化产业的基本政策与法规也相异。

美国在文化生产方面无可匹敌，虽然它至今没有一个正式的官方文化政策文件，但这并不说明美国没有文化政策，相反，美国不仅有文化政策，而且文化政策的强势程度超过许多国家。美国把文化作为维护国家利益的重要手段并占据国家安全战略的核心位置。美国没有文化部，而是以各州政府为核心协调单位，为文化产业的发展提供了良好的外部环境，包括在遵循文化产业自身发展规律、考虑文化产业特点的基础上，给予放开、优惠的扶持政策，鼓励多元投资机制和多种经营方式，鼓励非文化企业和境外资金投入文化产业等。

英国虽然是一个素来以尊重传统闻名的君主制国家，但却率先将面向新时代的文化战略调整提到议程上来。随着不断改造，英国逐渐形成了三级文化管理体制：政府，包括中央政府和地方政府及所属文化行政管理部门；与各级政府对应的、作为准自治的非政府公共组织的艺术理事会；各种行业性的文化联合组织，如电影协会、旅游委员会、广播标准理事会、体育理事会和博物馆/美术馆委员会等 38 个机构。

德国的《德国文化政策》在强调国家扶持作用时，也强调应当充分发挥私人部门和企业对文化发展的推动作用。其表明，德国对文化的管理权主要还集中在各级政府及其所属行政部门。为了使大众传媒有效、健康地运作，德国还制定了一系列法律和新闻行规。

日本文化产业经历了从行政到立法、从地方重视到国家重视、从个别产业到全面振兴的发展轨迹。近几年，尽管日本经济不景气，但文化产业在国民经济中仍占有重要地位。大力支持和发展文化产业，为文化产业提供方便，制定相关鼓励政策，是日本文化产业得以发展的一个根本原因。引进外国先进文化设备，为文化产业注入新的活力，也是重要一环。日本政府为促进民众进行文化消费，大力参与文化产业建设，积极组织并形成经营规模。政府也鼓励报社以办报为主要经营业务的同时，举办各类文化活动，以扩大影响，提高知名度，招徕更多的读者。

第四章

文化产业发展与金融支持

文化产业作为国民经济的重要组成部分，虽然具有创新、创意、低耗、低碳等优点，但相对于我国多数行业而言，文化产业固有的特点决定了其经营主体呈现出弱势。而金融作为现代经济的核心，在引导资源配置、调节经济运行等方面发挥着重要的作用，文化产业想要快速发展，就迫切需要金融手段的支持。加大金融业支持文化产业的力度，推动文化产业与金融业的对接，是培育新的经济增长点的需要，是促进文化大发展大繁荣的需要，是提高国家文化"软实力"的需要。

第一节　金融支持文化产业发展的必要性

一、金融支持文化发展具有深远意义

调动社会金融资源，支持文化产业发展，其必要性可以从企业和国家两个层面分析。

就企业层面来说，一方面，金融支持是壮大文化企业资本的基础。因为充足的资金能够为文化企业的发展壮大提供有力的支持，确保企业在人才引进以及产品创新方面更加有保障。同时有了充足的资本可以增强我国文化企业在国际市场上的竞争力。另一方面，金融支持为文化企业增强核心竞争力提供了物质保障。投融资机制的有效建立与运用，可以利用市场自身的力量，实现产业内优胜劣汰、优化组合，逐步形成龙头企业引领发展趋势、中小企业满足基础需求的产业基本架构，促进文化产业通过自身的力量实现发展。

就国家层面来说，首先，文化产业属于绿色产业，以创意为中心，资源消耗低、环境污染小，因此积极发展金融对文化产业的支持作用，在促进文化产业发展的同时能够推动国家经济结构的调整、产业结构的优化升级以及经济增长方式的转变，是推动我国产业结构升级、缓解资源能源瓶颈的重要

举措。其次，随着人们生活水平的不断提高，对文化产品和文化服务的需求越来越大，因此积极发展金融对文化产业的支持，有利于满足人们日益增长的文化需求，缓解文化产品的供求矛盾和结构性短缺，保证人们在享受富裕物质生活的同时，享受到更加丰富多彩的精神文化生活。最后，文化产业被认为是一国“软实力”的重要体现，因此积极发展金融对文化产业的支持有助于维护国家文化的安全，提高一国文化“软实力”在国际上的地位。

2012 年我国文化产业发展进入新时期（2011 年 10 月召开的党的十七届六中全会是分水岭），有两个非常重要的政策文件值得关注：一是温家宝总理的政府工作报告经过全国人民代表大会表决通过，通过法定程序明确了“文化产业建设成为国民经济支柱产业”的发展目标；二是 2012 年 2 月底文化部发布了《“十二五”时期文化产业倍增计划》，进一步规定了文化产业发展的目标、任务和手段。处在市场经济转型和产业结构升级的社会经济环境中，中国对待文化价值的观念已经从封闭单一的意识形态功能走向了满足公民多元的文化需求。文化权益作为公民的基本权益，已经成为不可阻挡的历史现实。政府的机构设置将会越来越综合考虑传统文化资源的继承与创新、物质文化遗产与非物质文化遗产的保护与开发、全民公共文化服务体系的覆盖与共用、多样化的文化产品的生产与供给、国家形象的世界传播和国家软实力的国际提升、新兴技术的普及与市场消费主体的崛起等诸多因素，去合理界定和调整文化部门的管理职能，明确政府机构的权力范围和责任边界，健全文化行政管理的责任体系，依照文化规律与市场规律真正推动文化的复兴、繁荣和发展。

二、文化产业要实现跨越式发展离不开金融支持

文化产业发展最集中、最明显，也最易量化的指标，就是文化产业规模的增长。2011 年，全国人大第四次会议审核通过了《中华人民共和国国民经济和社会发展第十二个五年规划纲要》（以下简称《“十二五”纲要》），《“十二五”纲要》中提出，要推动文化产业成为国民经济的支柱性产业。2012 年 2 月 28 日，文化部正式发布《“十二五”时期文化产业倍增计划》，提出“十二五”期间，文化部门管理的文化产业增加值年平均现价增长速度要高于 20%，2015 年比 2010 年至少翻一番，实现倍增。而苏州市则在《苏州市国民经济和社会发展第十二个五年规划纲要》（以下简称《苏州“十二五”纲要》）中提出，到“十二五”结束时，文化产业增加值将提高到全市 GDP 的 7%。

文化产业的大跨步发展，不仅需要文化产业经营者、劳动者的努力和政

府的政策支持，也要尊重和利用经济规律；不仅要依靠经营效率的增加，也离不开资产规模的扩张。从资金来源上看，资产规模的扩张方式有三种：①完全依靠内部资金增长（靠内部积累）；②主要依靠外部资金增长（增加债务和股东投资）；③平衡增长（可持续增长），就是保持目前的财务结构和相关的财务风险，按照股东权益的增长比例增加借款，以此支持销售增长。其中，第二、第三种增长方式均对外部融资有一定需要。

（一）文化产业外部融资需求的估计方法

既然销售增长会带来资金需求的增加，那么销售增长和融资需求之间就会有函数关系，根据这种关系，就可以直接计算特定增长下的融资需求。假设它们成正比例，二者之间有稳定的百分比，即销售额每增长1元需要追加的外部融资额，可将其称为“外部融资额占销售增长的百分比”，简称“外部融资销售增长比”。

其计算方法如下：

假设可动用的金融资产为零：

外部融资额＝经营资产销售百分比×新增销售额－经营负债销售百分比×新增销售额－计划销售净利率×计划销售额×（1－股利支付率）

＝新增销售额×（经营资产销售百分比－经营负债销售百分比）－计划销售净利率×计划销售额×（1－股利支付率）　　（式4-1）

“计划销售净利率×计划销售额×（1－股利支付率）”表示的是计划期的收益留存，其中的股利支付率指的是计划期的股利支付率，数值不一定与基期相同。该公式的前提条件是可动用的金融资产为零；经营资产销售百分比、经营负债销售百分比不变；销售增长和融资需求之间存在函数关系。其基本含义是，为了扩大销售规模，企业必须添置设备、增加原材料采购、雇佣劳动者，这些支出意味着企业固定资产和流动资产的扩张；而同时，随着企业销售规模的扩大，企业可以通过应付账款、应付票据等方式获得更多的无息负债（主要是流动负债），作为资产的来源；此外，企业销售规模扩张后，留存收益也会增加，这为企业提供了内源融资。所以，企业扩张所需的外部融资，就等于对企业销售额敏感（成正比变动）的资产和负债增量之差，再扣除留存收益的增加值。①

如果将“文化产业”这个整体视作企业,就可以用公式(4-1)近似地推算出全国和苏州地区文化产业要达到“十二五”增长目标所需的外部融资数量。

(二)文化产业发展目标估算

根据前述公式(4-1),要估算文化产业外部融资需求,首先需要设定“计划销售额”,具体到产业,就是设定未来文化产业的营业收入水平。而营业收入又可以通过增加值目标推算出来。

全国文化产业的增加值,以到“十二五”末“文化产业成为国民经济的支柱性产业”为目标。据国际通行惯例,衡量一个产业是否达到支柱产业标准的一个最终依据,是该产业增加值占 GDP 比重达到 5%②以上。根据《中华人民共和国 2011 年国民经济和社会发展统计公报》,2011 年我国 GDP 总量为 471 564 亿元,根据《“十二五”纲要》,“十二五”期间,我国年均 GDP 增长目标为 7%,由此可以估计,到“十二五”末,即 2015 年,我国 GDP 总量目标为 618 124 亿元,文化产业增加值目标为 30 906 亿元。

苏州地区文化产业的增加值,以《苏州“十二五”纲要》中提出的“十二五”末占全市 GDP 的 7% 为目标,2011 年苏州全市 GDP 为 10 717 亿元③,“十二五”期间,苏州市年均 GDP 增长目标为 12%,由此可以估计出,到“十二五”末,即 2015 年,苏州市 GDP 总量目标为 16 863 亿元,文化产业增加值目标为 1 180 亿元。

假设 2011 年到 2015 年间,全国和苏州的文化产业增加值均以固定的复合年增长率增长。则根据 2010 年全国文化产业增加值 11 052 亿元计算,2011 年到 2015 年,全国文化产业增加值的复合年增长率需要达到 22.83%;根据 2011 年苏州文化产业增加值 533 亿元计算,2012 年到 2015 年,苏州文化产业增加值的复合年增长率需要达到 21.99%。

① 运用该公式须假定,各项经营资产和负债与销售收入之间的比例保持稳定,且计划的销售净利率可以涵盖借款利息的增加。

② 来源:中共中央宣传部副部长孙志军在《国家“十二五”时期文化改革发展规划纲要》新闻发布会上的发言,见报道《2015 年文化产业将成为支柱产业》,http://finance.jrj.com.cn/industry/2012/02/16131712264346.shtml。从最近连续五年的发展数据上看,全国只有北京、上海、广东和云南四地的文化产业规模符合这一标准。

③ 苏州统计局网站:2012 苏州市情市力,http://www.sztjj.gov.cn/Info_Detail.asp?id=19527。

要利用公式(4-1),就需要将增加值转换为营业收入[1]。为简单起见,不妨将苏州文化产业增加值/营业收入的比率,作为全国文化产业增加值/营业收入比率的代表。苏州市 2011 年文化产业增加值 533 亿元,营业收入 2 050 亿元,比例为 1∶3.85,由此可以估计出,2015 年全国文化产业营业收入目标为 118 870 亿元,苏州地区文化产业营业收入目标为 4 540 亿元。若假设 2012—2015 年间,文化产业增加值/营业收入的比率保持不变,则各年的文化产业营业收入目标均可以推算出来,并作为推算各年所需外部融资的依据。详见表 4-1。

表 4-1 "十二五"期间全国和苏州文化产业营业收入发展目标

单位:亿元

年份 区域	2012	2013	2014	2015
全国	64 137	78 783	96 772	118 870
苏州	2 501	3 051	3 722	4 540

来源:本书估计。

(三)文化产业外部融资需求估算

在估算出文化产业营业收入后,还需要找到资产销售百分比、负债销售百分比、计划销售净利率和股利支付率四个财务比率,然后就可以根据公式(4-1),推算文化产业的外部融资需求了。

同花顺 iFinD 数据库提供了各行业上市公司的财务比率数据,其中与文化产业内涵最接近的是"文化传媒行业",用此行业作为文化产业的代表。提取该行业 2008—2011 年的销售净利率、总资产周转率、资产负债率、流动负债占总负债比率四项指标,取平均数。以"文化传媒行业"的销售净利率平均数,作为公式(4-1)中的计划销售净利率,再将另外三项指标以如下方式转换成所需指标:

资产销售百分比 = 100%/总资产周转率

负债销售百分比 = 资产销售百分比 × 资产负债率 × 流动负债占总负债

① 增加值和营业收入(销售额)既有联系,又有区别。增加值是产业在这一环节创造的净财富,而营业收入则包括了上一生产环节转移来的财富。增加值衡量产业发展状况更为合理,但在进行财务分析时,营业收入以及与营业收入联系的资产销售百分比、负债销售百分比之类的指标,更具有实用性和可比性。

比率①

计算得到资产销售百分比为138.65%，负债销售百分比为45.13%，计划销售净利率为9.46%。由于大多数需要文化金融支持的企业均为非上市企业，而上市公司的股利发放率与非上市公司又不具备可比性，所以在这里我们直接简单假设企业不发放股利，即股利发放率为0，这也与文化金融所支持的企业大多处于初创阶段，需要将利润全部用于扩大再生产的现实比较接近。

利用公式(4-1)，并根据文化产业营业收入目标(表4-1)和文化产业财务比率，可以计算出2012—2015年全国和苏州地区文化产业所需的外部融资数量。需要说明的是，对文化产业而言的"外部融资"，从经济意义上说，就是其他产业部门对文化产业的新增投资，但这种投资不但包括金融部门的资金，也包括其他产业自有资金向文化产业的转移。因此，不能直接将所有投资额都视作文化产业的金融需求。在这里简单取所需新增额的50%，代表文化产业的金融需求。计算结果如表4-2。

表4-2 "十二五"期间全国和苏州文化产业新增金融需求

单位:亿元

年份/区域	2012	2013	2014	2015
全国	2 542	3 122	3 835	4 711
苏州	93	113	138	168

来源:本书估计。

根据表4-2，2012年全国文化产业的新增金融需求为2 542亿元，约占2011年全国人民币新增贷款7.47万亿元的3.40%，2012年苏州文化产业新增金融需求为93亿元，约占2011年苏州新增贷款1 737亿元的5.35%。这些比例虽然是不同年份的实际值与估计值之比，但仍然能从侧面说明，文化产业要实现"十二五"计划的高速增长，单单依靠产业自身的积累是不够的，而必须同时寻求金融资源的支持。

① 从公式(4-1)的含义来看，外部融资需求就是扣除了内源融资和商业无息负债(随着经营规模扩张而自然扩张的商业信用)后的融资需求，使用负债销售百分比就是为了扣除商业无息负债。流动负债是无息负债的一个可接受的替代指标，因此在这里计算的负债销售百分比，是流动负债占营业收入的比例。

第二节　文化产业金融支持的可行性

对文化产业提供金融支持的可行性来自于两点：首先，国家在宏观上出台了支持文化产业金融的政策，为文化产业金融提供了良好的环境；其次，由于文化产业具有一定的逆周期特征，从而根据金融学基本理论，对文化产业的投资可以容忍稍高的风险和稍低的收益，这降低了文化产业获得金融支持的门槛。

一、文化产业金融支持的政策环境

近年来，在中央陆续出台的重要战略部署和政策措施的大力扶持下，我国的文化产业呈现出良好的发展势头。从国家文化产业发展支持的政策出台时间纬度来看，2000 年中共十五届五中全会通过了《中共中央关于制定国民经济和社会发展第十个五年计划的建议》，“文化产业”这个词第一次正式出现在中央文件中，报告中要求完善文化产业政策、加强文化市场建设与管理，承认了文化产业的地位。2001 年国家“十五”战略规划将文化产业列入其中，从此文化产业成为我国经济与社会经济发展战略的重要组成部分。2002 年中共十六大报告中专门对文化建设进行了论述，指出应当积极发展文化事业与文化产业，不断完善文化政策，支持文化产业的发展。2004 年中共十六届四中全会通过了《中共中央关于加强党的执政能力建设的决定》，其中提出了中国文化建设和文化发展应当符合时代的要求。2005 年中共十六届五中全会提出了关于第十一个五年规划的建设，里面包含文化产业发展的内容。2006 年通过的“十一五”期间发展规划纲要，里面涉及了文化产业发展的内容。2007 年中共十七大报告中多次强调了要大力发展文化产业，繁荣文化市场，增强国际竞争力，使其为文化产业的发展繁荣做出贡献。2009 年《国务院关于印发文化产业振兴规划的通知》出台，文化产业上升为国家战略性产业。2010 年中宣部、人民银行等九部委联合发布《关于金融支持文化产业振兴和发展繁荣的指导意见》，提出了进一步改进和提升对我国文化产业的金融服务，支持文化产业振兴和发展繁荣，各大金融机构均从加大信贷投放、鼓励金融创新、拓展融资渠道、深化多方合作等多个方面，全方位引导加强对影视业、新闻出版业、文化艺术服务业、旅游文化服务业、会展业、动漫业、艺术设计和艺术经营业、文体用品制造业等重点发展领域的金融支持力度。2011 年《“十二五”规划纲要》提出要推动文化产业成为国民经济的支柱性产业。我国文化产业进入了快速发展时期，也迎来了最重要的战略机遇期。中共十七届六中全会审议通过《中共中央关于深化文化体制改革　推动社会主义文化大发展大繁荣若干重大问题的决定》，推动文化产业成为国民经济支柱性产业，这对文化产业发展无疑具有里程碑意义。2012 年 2 月 15 日中共中央办公厅、国务院办公厅印发《国家“十二五”时期文化改革发展规划纲要》。2012 年 2 月 28 日文化部颁布《文化部“十二五”时期文化产业倍增计划》。随着扶持政策的细化落地，未来十年我国文化产业将迎来大发展的黄金十年。

（一）降低准入门槛

落实国家关于非公有资本、外资进入文化产业的有关规定，根据文化产业不同类别，通过独资、合资、合作等多种途径，积极吸收社会资本和外资进入政策允许的文化产业领域，参与国有文化企业的股份制改造，形成以公有制为主体、多种所有制共同发展的文化产业格局。

（二）加大政府投入

中央和地方各级人民政府要加大对文化产业的投入，通过贷款贴息、项目补贴、补充资本金等方式，支持国家级文化产业基地建设，支持文化产业重点项目及跨区域整合，支持国有控股文化企业股份制改造，支持文化领域新产品、新技术的研发。支持大宗文化产品和服务的出口。大幅增加中央财政“扶持文化产业发展专项资金”和文化体制改革专项资金规模，不断加大对文化产业发展和文化体制改革的支持力度。

（三）落实税收政策

贯彻落实《国务院办公厅关于印发文化体制改革中经营性文化事业单位转制为企业和支持文化企业发展两个规定的通知》中的相关税收优惠政策，研究确定文化产业支撑技术的具体范围，加大税收扶持力度，支持文化产业发展。

（四）加大金融支持

鼓励银行业金融机构加大对文化企业的金融支持力度。积极倡导鼓励担保和再担保机构大力开发支持文化产业发展、文化企业“走出去”的贷款担保业务品种。支持有条件的文化企业进入主板、创业板上市融资，鼓励已上市文化企业通过公开增发、定向增发等再融资方式进行并购和重组，迅速做大做强。支持符合条件的文化企业发行企业债券。

（五）设立中国文化产业投资基金

按照有关管理办法，由中央财政注资引导，吸收国有骨干文化企业、大型国有企业和金融机构认购文化产业投资基金。基金由专门机构进行管理，实行市场化运作，通过股权投资等方式，推动资源重组和结构调整，促进国家文化发展战略目标的实现。

二、文化产业分散风险的特征

在当前的金融实践中，文化产业，尤其是较为纯粹的、没有商业地产等其他行业交叉的文化产业，往往存在收益率偏低、风险偏高的问题，这也是文化产业难以获得金融支持的主要原因。

然而，根据现代投资理论中的资本资产定价模型（Capital Asset Pricing model，CAPM），资产的风险是由系统性风险和非系统性风险组成的。所谓系统性风险，指市场中无法通过分散投资来消除的风险，比如利率、经济衰退、战争，这些都属于不可通过分散投资来消除的风险。所谓非系统性风险，也被称为特殊风险，是属于个别资产的自有风险，投资者可以通过分散投资组合（Diversification）来消除。从技术的角度来说，非系统性风险的回报是股票收益的组成部分，但它所带来的风险是不随市场的变化而变化的。对市场证券组合而言，它只含有系统风险，该组合中每一单项资产对市场证券组合的风险影响也仅是它所具有的系统风险。

资本资产定价模型是以证券投资组合理论为基础发展而成的，其基本假设如下：

（1）投资者都是风险回避者，且都是为了使单一期间内财富预期效用最大化。

（2）投资者都是价格接受者，且对呈正态分布的资产报酬都有齐性预期，即对证券未来的期望收益、标准差与协方差有相同的预测。

（3）在现实经济中存在无风险资产，投资者可以按照无风险利率任意借入或贷出资本。

（4）资本市场是不可分割的，市场信息是免费的，且投资者都可以同时获得各种信息。

（5）市场是完善的，不存在税收、交易成本及对抛空的限制等投资障碍。

（6）投资者都是采用资产期望收益及方差或标准差来衡量资产的收益和风险。

在这里不详细阐述 CAPM 理论的推导和全部结论，只列举其核心定价公式：

$$Er_i = r_f + \beta_i(Er_m - r_f) \quad \text{（式 4-2）}$$

该式即为资本资产定价模型（CAPM），又称证券市场线（SML）。它反映了每一项资产风险与期望收益的关系。在公式（4-2）中，投资组合中的风险资产 i 的预期收益率为 Er_i，无风险资产的收益率为 r_f，市场风险组合（包括所有风险资产，按市值加权持有的组合）的预期收益率为 Er_m，而风险资产定价所需要的关键特征，就是该资产的贝塔系数 β_i，即该资产和市场组合收益率的协方差，与市场风险组合收益率方差之比，$\beta_i = \frac{\sigma_{im}}{\sigma_m^2}$。

根据公式（4-2），在投资足够分散的前提下，投资组合中风险资产 i 的预期收益率，只与市场组合收益率 Er_m、无风险资产收益率 r_f 及其贝塔系数 β_i（反映系统性风险）有关，而与该资产自身风险水平高低无关。也就是说，只要一组资产与市场风险组合的收益率差异足够大，即贝塔系数较小，那么即便它自身的总风险较大，它也不需支付较高的风险溢价（收益率）。

证券投资组合理论揭示，当证券组合中的证券种类趋于二十种及以上时，风险得到了充分的分散，所有非系统风险几乎全部消除。因此，投资者在考虑这一组合中增加或减少某一种证券，可以忽略该项资产自身的非系统风险的影响，主要考虑该项资产所含的系统风险的大小，只就所承担的系统风险取得风险补偿。公式（4-2）中（$Er_m - r_f$）作为单位系统风险的风险报酬，β_i 则为资产 i 所含系统风险的量值，反映资产 i 受系统风险的影响大小。

CAPM 具有以下两个重要特征：（1）在均衡状态下，每一项资产的收益与风险关系都落在证券市场线上。风险大的资产收益高，风险小的资产收益低，Er_i 与 β_i 的关系是一条由左至右向上倾斜的直线。（2）资产组合的值是构成该组合的各项资产的加权平均数。这一特征表明，CAPM 对任意资产或资产组合都成立。

根据常识判断，文化产业具有一定的逆周期性：经济过热的时候，因为受到外在压力和机会成本影响，艺术工作者的创作往往较为浮躁，不尽如人意；当经济发展相对平缓时，艺术工作者反而能够有平和的心态，生产市场认同的作品。所以，文化产业的收益率随市场波动的幅度会较小，其风险溢价也会较低。

中国证券市场的数据可以从一个侧面反映文化产业和市场组合的关

系:大智慧数据软件提供了各细分行业股票的价格指数,其中与文化产业概念最为接近的是“教育传媒指数”。这里计算了 2004 年 1 月到 2012 年 1 月的教育传媒指数日收益率,将其与同期上证综合指数日收益率比较(数据如图 4-1 所示),计算得到教育传媒指数的贝塔系数为 0.607,小于 1,即教育传媒指数的系统性风险小于市场风险组合,且比各类一级行业的贝塔值都要小(如表 4-3 所示)。众所周知,中国股市的个股与大盘联动性较强,所以非上市文化产业的系统性风险可能还会更低。

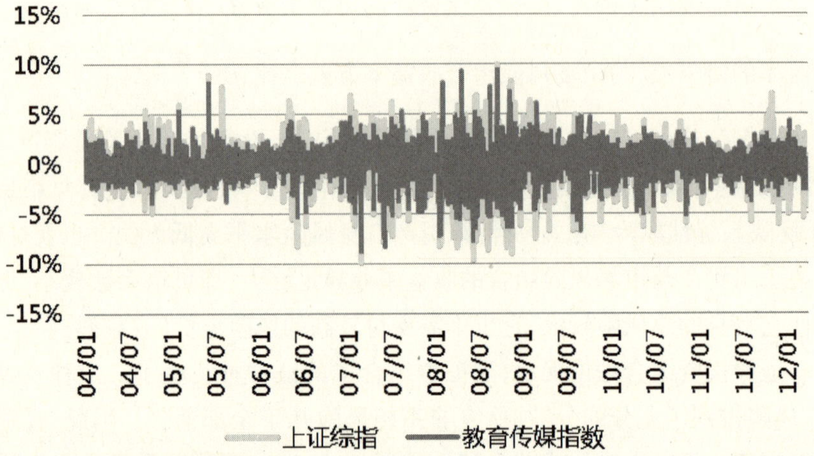

图 4-1　上证综合指数和教育传媒指数日收益率对比(2004 年 1 月—2012 年 1 月)

来源:大智慧数据软件、本书计算。

表 4-3　2012 年上半年申万一级行业贝塔值统计表

行业	原始贝塔系数	加权调整贝塔系数
采掘	1.477 7	1.320 1
有色金属	1.359 4	1.240 8
建筑建材	1.172 5	1.115 6
房地产	1.160 5	1.107 6
交运设备	1.129 6	1.086 8
黑色金属	1.127 4	1.085 4
农林牧渔	1.107 6	1.072 1
化工	1.089 8	1.060 2
机械设备	1.082 8	1.055 5

续表

行业	原始贝塔系数	加权调整贝塔系数
家用电器	1.060 9	1.040 8
电子	1.052 4	1.035 1
金融服务	1.046 2	1.031
信息设备	1.022	1.014 7
商业贸易	0.969 8	0.979 8
轻工制造	0.950 6	0.966 9
食品饮料	0.929 9	0.953
纺织服装	0.922 6	0.948 1
医药生物	0.902 3	0.934 5
综合	0.900 7	0.933 5
信息服务	0.896 1	0.930 4
交通运输	0.849 6	0.899 2
餐饮旅游	0.808 1	0.871 4
公用事业	0.775 1	0.849 3

来源:西部证券研究报告《未雨绸缪 用贝塔系数寻找反弹标的》。

需要特别指出的是,在使用CAPM模型对资产定价时,所得到的预期收益率只能补偿资产的系统性风险,而非系统性风险则需要通过分散投资来消除。因此,在现实中,投资规模较大、投资行业较为全面、风险分散程度较高的大型金融机构(如商业银行),能够更好地利用文化产业系统性风险较低(贝塔系数较低)的优势,在总风险较高、收益较低的情况下继续为文化产业提供金融支持,而投资方向较少的小型金融机构,则需要根据文化产业的总风险(收益率标准差)来判断投资与否,往往可能得出回避文化产业的结论。

实践篇

本篇内容包括第五章和第六章。首先我们以国际视野概括美国、日本、韩国、法国、英国等文化产业繁荣、文化金融发达的国家文化产业的发展，尤其是文化产业金融支持成效显著的国家的成功经验和特色，也对发达国家成熟的“艺术银行”和“艺术银行业务”进行较为详细的介绍，以便为我国文化金融的发展提供有益借鉴和发展启示；然后通过对国内初显成效的文化金融支持的典型案例，包括潍坊银行艺术品质押贷款案例、招行授信《集结号》案例、国家开发银行对徽州文化保护的金融支持案例、丽江旅游文化产业金融支持案例、香港迪士尼乐园建设案例、商业银行和信托机构的艺术品投资业务案例、中国文化产业投资基金案例等进行剖析，以观我国文化金融的发展和创新趋势，同时对正在摸索中的文化产权交易、“艺术品份额化”及其泡沫问题进行了深度的分析，以供未来发展的警示和完善；最后紧密结合苏州实际，对苏州这一文化历史名城的文化产业发展现状、文化产业发展中金融支持成效和发展瓶颈与问题进行深度分析，指出文化金融发展的困境源于“政策错配”与“金融错配”。

第五章

金融支持文化产业发展的经验与案例

在现当代，美、日、韩以及欧洲等发达国家的文化产业空前繁荣，这与文化产业的金融支持密不可分。近几年来我国的文化产业金融支持也有明显起步，这些经验与案例必将对我国未来文化的繁荣与发展带来借鉴与启示。

第一节　金融支持文化产业发展的国际经验

一、美国：通过金融制度的创新筹措文化产业支持资金

美国金融制度的不断创新为文化产业发展注入了大量的资金。以电影业为例，美国于1995年将投资组合的理论运用于电影投资，一个投资组合中通常包括20～25部风格不同的电影，极大地降低了投资人的风险，从而使得保险资金和退休资金蜂拥而至。2004年华尔街的私募基金也加入到电影投资的大军，以电影投资基金的方式出现，如2005—2006年，Gun Hill Road分别向索尼和环球提供7.5亿美元和5.15亿美元，magic Films投资给迪士尼5.05亿美元，而华纳兄弟和福克斯分别获得来自Legendary Pictures和Dune Capital的5亿和3.25亿美元资金，Melrose Investment投资3亿美元给派拉蒙。美林的研究报告显示，在适当的财务杠杆结构下，类似基金的平均回报率超过20%，同时电影回报和宏观经济、股市的关联性较小，对基金具有很大的吸引力。电影投资基金的募集通常是由私募基金以高收益债、低收益债和优先股等不同品种的金融产品吸引风险承受能力不同的投资者而完成。例如由派拉蒙牵头设立的Melrose Partners募集2.31亿元，融资操作人美林将Melrose Partners切成高收益债、低收益债和优先股三块，分别吸引不同的投资者：银行投资主要债券，机构投资者以500万或1 000万美元为单位投资风险较高的品种。其具体融资方式有以下四种。

（一）股权融资

股权融资的融资时间通常在5～7年之间，片商一般会和投资方协议在特定的时期内回购融资方的股份，既保全影片版权的完整，又保证投资方良好的退出通道。

（二）夹层融资

夹层融资（Mezzanine Finance）是指在风险和回报方面介于优先债务和股本融资之间的一种融资形式。对于公司和股票推荐人而言，夹层投资通常提供形式非常灵活的较长期融资，这种融资的稀释程度要小于股市，并能根据特殊需求作出调整，而夹层融资的付款事宜也可以根据公司的现金流状况确定。夹层融资一般采取次级贷款的形式，也可采取可转换票据或优先股的形式。夹层次级贷款期限较短，一般为几个月。投资方要求制片商找一个权威性的销售代理商，评估未完工影片可能的未来收入，核定贷款额度，同时有专门的保险公司承保，为银行提供完工保证，制作公司将制作费的2%～6%支付给保险公司。

（三）优先级债务贷款

制片商把地区发行权卖给指定地区发行商时得到"保底发行金"，这相当于发行商预支给制片商一笔信贷，这笔贷款以预售发行权合约为担保，以保底发行金为还款来源。

（四）发行AAA级债券

一般由投资银行以影片的DVD销售收入和票房收入为基础资产，向投资者发行证券化产品。

二、日本：通过政府引导和融资方式创新实施对文化产业的支持

日本政府高度重视文化产业的发展，但不包办，而是采取政府引导推动、政府与民间一起投入的机制，但文化产业项目都进入市场操作。几乎所有的日本一流大型企业都以各种不同形式支持、参与文化活动，他们将此视为改善企业形象的重要举措。例如，NEC公司举办的中日围棋擂台赛，富士通公司举办的世界围棋超霸赛，丰田公司举办的一年一度的"丰田杯"足球赛等都是世界闻名的文体活动。日本文化信息产业投资中，主要是采取"产学研"的协作体制，将有限的技术人员和研究经费集中起来，统一指导开发研究计划，促进科技创新，加速科研成果转换和实现产业化。

日本还结合文化产业特点，对融资方式进行了各种创新。比如，日本电影业的融资方式包括特许权证券化，即将电影作品独立上市成为财产，公开交易;成立“智能财产权投资协议会”,进行各种形式的募资拍片,如网络募资等;成立电影基金公司,负责办理各种大型的电影投资、融资案件,如日本电影基金公司、松竹基金等。

三、韩国:政府和民间资本共同为文化产业提供资金

作为东亚国家,韩国文化产业发展的资金市场化程度略低于美国,资金来源分为三部分:国家文化产业预算、政府通过“文化产业专门投资组合”等形式带动的民间资本和其他市场化资本。

(一) 韩国政府提供的文化产业预算

韩国近年文化产业的迅速发展,在很大程度上得益于大量巨额资金的投入。近年来政府加大了文化产业的资金扶持,政府在2000年出资60亿韩元在釜山、光州、大田进行文化产业投资。2001年出资100亿韩元在大邱、春川、富川、青州、金州分别建立了“文化产业支援中心”,文化产业预算也由1998年的168亿韩元增加到2003年的1 878亿韩元,2000年首次突破国家预算总额的1%,文化事业占总预算的比例由3.5%增长到约17.9%。

(二) 政府资金带动的民间资本

韩国政府通过“文化产业专门投资组合”来吸引大量民间资本进入文化产业,所谓“文化产业专门投资组合”是指以动员社会资金为主,政府和民间共同投资的运作方式。例如:韩国文化产业振兴院2000年至2001年两年期间,成功运作“投资组合”17项,共融资2 073亿韩元(其中民间1 723亿,政府350亿)。2001年韩国电影振兴公社通过“电影专门投资组合”融资30 000多亿韩元,保障了电影事业的发展。

(三) 以风险投资为代表的其他市场化资本

20世纪90年代后期,创业型风险投资公司成为韩国电影的主力,它们也为韩国电影的发展带来了创新的理念,它主要以赢利为目标,在表现方式上追求多元化的风格。在影片制作的同时,风险投资公司非常注意作品的创意,并调动精通市场的文化策划人员对编剧和导演进行点拨。在影片制片的同时,明星造势和广告宣传也全面铺开,以创造市场的热身效应。影片进入市场以后,连锁性产品也视热销的程度被充分开发。风险投资公司对电影的投资有很多专业性的市场分工,除了策划、宣传、编务、筹资以外,还有连锁销售、信息调研、衍生项目、专业发行等诸多内容,不仅仅延长了电影作品的商业运作链条,而且为追求投资回报的最大化提供了可能。

四、法国:实施政府为主导的管理模式

法国政府对文化产业的管理在文化意识形态上是最慎重的,二战后法国就在文化产业发展方面开始重视抵制美国文化霸权和外国文化对本国的渗透,因此法国最早成立了文化部,对本国文化产业和事业进行管理和保护。法国向来以艺术和文化大国为自己定位,非常重视文化产品的价值,而不相信市场可以达到这种功效,因而对全国文化产业实施高度统一管理,到目前形成了法国保守的文化产业发展模式——政府管理模式。

为此法国把文化领域分为两部分,其中影像事业(包括广播、电影、电视、图书馆、档案馆、博物馆、文化展览及其相关领域)等为不可妥协的部分,这部分完全由国家负责。具体包括:维护和保护教育资产、公共事务的运作和管理、建造纪念馆、制定文艺法规、保护文化遗产、博物馆基础设施建设和举办文化展览等。另外一部分领域包括出版、戏剧、新闻、建筑等,可以参与全球化市场,这些则由个人、企业和中介等以市场化方式运作。同时法国非常注重对其知识产权的保护。另外也在对抗英语体系冲击过程中,为了保护法语文化体系,法国对本国市场化企业也建立了一套完善的保护和资助体系,以培育强大的国内文化企业。法国的文化产业以传统文化为主,注重高雅和艺术感,但是法国政府独有的金融支持模式使得法国的文化消费高雅而不高价,从而促进了法国人民的文化消费并促进了法国文化产业的繁荣发展。

法国对文化产业不可妥协部分则主要采取政府支持方式。包括:(1)中央政府直接提供赞助、补助和奖金。(2)地方政府财政支持,法国从每个大区到镇各级政府都有支持文化事业发展的财政预算。法国文化部每年对文化产业的预算占国家总预算的1%以上,地方政府还要另外投入两倍的预算来支持。法国西部拉罗歇尔电影节的组织者每年从中央政府、大区、省、市政府分别得到17%、13%、9%和22%的补助,再加上欧盟5%的赞助,所以应付电影节的一般活动绰绰有余。法国对本国文化的政府支持可谓世界第一。对于市场化的文化行业,法国有仅次于美国和日本的居世界第三的银行规模。同时作为大陆法系市场经济国家的代表,市场融资体系也非常健全。因而开放的市场和健全的法律以及科技水平,成为吸引外商直接投资的好的外部环境,法国每年吸引外商投资500亿美元左右,成为仅次于英国在欧洲吸引外资最多的国家。税收方面,政府对法国文化产业的企业采取7%的增值税率,而对于其他行业则是18.6%的增值税,相当于为企业提供了大量的资金支持。

法国的这种文化产业发展模式使其形成了完善的政府资金介入扶持体系,政府的资金介入包括拨款资助、提供贷款、企业运作资助等方面。

(一) 拨款资助

拨款资助由法国交流部和文化部统一管理,不同行业由下设的司来执行。例如,法国的出版行业,图书和阅览司主要任务是支持和保护创作、出版,扩大出口,帮助图书和阅读活动的开展。该司掌握着对整个出版产业链资助的资金,但是不直接对企业进行资助,而是通过版权中心对出版社、作家、期刊、书店、图书馆以及文化团体和文化活动进行资助。这种资金介入体制法国独有。例如,2004 年支持全国赞助图书和阅读计划的投入高达3.73亿欧元,为保障其正常运行又追加投入 4 500 万欧元,包括保护公共借阅权、统一书价和直接资助作者、翻译者和宣传活动等。

(二) 政府提供贷款

贷款方面,法国政府主要针对投资风险大、资金不足的中小企业进行贷款,具体做法是由政府和文化管理部门共同提供贷款担保。早在 1983 年法国就成立了电影与文化工业投资委员会,其中出版行业当时拨出 2 800 万欧元作为贷款保证基金,以保证出版商和书商能从银行获得贷款,同时还提供优先贷款、放宽贷款期限和低利率等的优惠条件。

(三) 企业运作资助

在资助各种文化活动方面,法国文化和交流部对文化企业的对外销售与进出口以及全国性的文化活动进行支持。政府资助组织文化产业企业参加法兰克福、伦敦和其他有名的国际展览,不同的文化行业每年都有一次全国性的活动,法国对这些活动的资助足以让企业应付所有活动经费,还可以增加门票等收入。而这些全国性的活动展览中心均是由政府出资建设的。

五、英国:通过政府引导模式支持文化产业发展

英国是文化创意产业的发源地。它有着世界上最完善的文化创意产业体系和国际上产业架构最完整的文化创意产业政策。

产业体系上,1997 年 6 月,成立了创意产业行为领导小组,其成员包括外交部、文化委员会、财政部、贸易工业部、教育和就业部、北爱尔兰事务部、妇女部、唐宁街 10 号政策研究室、科学和技术部的高级官员以及文化企业公司的负责人和社会知名人士。1998 年,成立了英国文化创意产业出口推广咨询小组,对国际文化贸易具有检查和参谋作用。这样就形成了还包括文化媒体、体育部、贸易工业部、对外贸易部、文化委员会、地方艺术委员会、地方艺术理事会的管理网络系统。

政策方面,要点包括:(1) 培养消费市场。强调艺术产品面向大众,鼓励和保障民众积极参加文化活动。政府每年向文化艺术领域投入大额指导性投资,明显倾向于公益性文化。(2) 扶助优秀、提倡创造,支持文化艺术门类的产业发展。对于和公共生活密切相关的重点文化单位与艺术品种追加拨款,用以提高公众对文化经济价值的认识。(3) 指导文化企业主体吸引金融机构或政府投资,鼓励向文化企业捐赠或资助,成立风险基金,激励创业。(4) 保证文化艺术成为教育服务体系的组成部分。(5) 保护知识产权,推动地方自主权。文化产业在英国的发展主要是政府引导模式,政府大力扶持文化产业企业,在文化企业自发地形成发展融资需求后,通过财政支持,并由此吸引大量外部资本的介入,从而为兴盛英国的文化创意产业提供有利的外部环境。英国目前也是世界上仅次于美国的创意产品输出国,这主要得益于政府的大力支持。

(一) 非政府公共文化机构资金资助

文化产业的政府引导模式更多地体现在英国政府对文化资助方面。英国政府的文化资助主要通过政府委托非政府公共文化机构来进行。政府文化行政主管部门对非政府公共文化机构不存在行政领导关系。非政府公共文化机构奉行与政府保持"一臂间隔"原则,独立运行。

文化资助模式主要有以下特点:

第一,政府通过中介非政府公共文化机构实现对文化事业的财政支持。文化、新闻和体育部作为中央政府行政主管部门,只管制定政策和进行财政拨款,没有直接管辖的文化艺术团体和文化事业机构,包括国家级的大型文艺团体,如皇家歌剧院、皇家芭蕾舞团等;国家所有的大型文化单位,如大英博物馆、国家美术馆、大英图书馆等,都是独立运作,不直接隶属于文化、新闻和体育部。具体事务交给非政府公共文化机构,如英格兰艺术委员会、工艺美术委员会、博物馆和美术馆委员会等由专家组成的机构,他们负责对各文化单位进行评估和拨款。

第二,非政府公共文化机构建立起全国文化事业管理的网络体系。各类非政府公共文化中介机构通过具体分配拨款的形式,负责资助和联系全国各个文化领域的文化艺术团体、机构和个人,形成全社会文化事业管理的网络体系。这既不同于美国无中央政府文化主管部门,也不同于法国拥有直属艺术团体和在各地方派驻官员的中央文化部。这种方式是英国的独创。

第三,政府对文化事业的财政资助是有条件的。政府对文化事业支持不是大包大揽,而是鼓励他们自创收入、争取社会赞助。即使享受政府长期资助的团体或机构,一般也只能占其收入的30%左右,其余部分仍需自筹解决。

另外英国对企业投资文化产业实行"政府陪同资助",即如果企业决定资助文化事业,政府将陪同企业资助同一项活动,为这项活动的质量和成功打上"双保险"。政府特别鼓励"新投入",即当企业第一次资助时,政府"陪同"企业资助,其比例是1∶1,对于第二次资助,政府则对企业多出上次资助的部分实行1∶2的比例投入。资金的加倍投入,必定会扩大文化活动的规模、质量和影响,广告效应自然倍增。实践证明,这一政策明显地提高了英国企业资助文化事业的积极性,已有3 000多家公司加入了资助文化事业的行列。

(二) 社会资助

英国还运用了一种非常规的投资方法,这就是用发行彩票来筹集文化基金。他们在鼓励企业赞助文化艺术的同时,鼓励全体公民自愿支持文化事业。

1994年11月19日英国发行了第一期国家彩票,到2001年上半年,国家彩票累计发行总额已高达314亿英镑,25%用于资助文化艺术、体育和慈善事业,总额超过108亿英镑。在1995年到1999年间,多个艺术项目从"彩票基金"中获得了10亿英镑以上的资助。仅彩票收入一项,一年就可以为文化艺术事业筹集到赞助费6亿多英镑,极大地弥补了政府文化投资的不足,兴建了一批文化设施,支持了优秀文化人才的培养。

六、发达国家常见的艺术银行业务

所谓的"艺术银行"实际上包括两个方面的含义:艺术银行(Art Bank)和艺术银行业务(Art Banking)。艺术银行是指"以艺术品为存取租赁物的委托机构,在国际上通常是指非政府文化艺术机构购买艺术家作品,再将作品转租或销售给政府机关、公共空间、企业、私人用于陈列、装饰、收藏等"。艺术银行业务则是指"在私人银行业务中占据越来越重要地位的艺术银行","加上'ing',就是指艺术投资的银行服务,为收藏家服务,扶持年轻艺术家"。

（一）艺术银行

1972年，加拿大国家艺术委员会（The Canada Council for the Arts）成立的加拿大艺术银行（The Canada Council Art Bank）当属艺术银行的先驱。加拿大艺术银行的主要业务活动包括购买、租赁和延伸服务。就购买环节而言，有意出售作品的艺术家需要向加拿大艺术银行提出申请，如果申请被接受的话，加拿大艺术银行会委派专家对艺术家进行考察。这些专家在对艺术家的作品价值进行评估之后，会向加拿大艺术银行提供评估报告和购买建议。据加拿大艺术银行理事长亨利（Henry）介绍："加拿大艺术银行通过购买加拿大当代艺术家的作品并将之租借给各地的客户，使办公场所和公共空间都能接触到加拿大艺术家的作品，从而来支持和更广泛地关注加拿大当代艺术家，使更多的公众能接触到加拿大当代艺术。它租借的艺术品适合面对公众和私人部门的办公环境，客户辐射加拿大境内外。作为一家自负盈亏的机构，它用挣来的所得通过同行评估机制购买艺术家的作品，最终支持艺术家的创作。"截止到2007年，加拿大艺术银行已拥有2 500位艺术家的18 000件绘画、印刷品和雕塑，是加拿大当代艺术最大的藏家。所有这些作品都向公司、机构、政府部门和办事处租赁，租借价格的可承受程度到了他们所谓的"令人吃惊"的地步。每一件艺术品的租赁价格每年120～3 600美元不等，最低租赁合同为每年1000美元，2年起租。2年后，可以续租，也可以选择全新的作品组合。咨询、筹备和安置起价为250美元。值得一提的是，加拿大艺术银行藏品中的2/3都曾被成功地租赁出去。这不仅在很大程度上支持了加拿大艺术家的创作，而且对加拿大艺术市场产生了巨大的影响，更是让越来越多的加拿大公众有机会接触到本国艺术。随着加拿大艺术银行影响力的与日俱增，艺术家们日渐意识到，加拿大艺术银行实际上发挥着非常重要的艺术展示功能，因此，他们非常乐意自己的作品能够被加拿大艺术银行购买，并且将此视为自己事业发展的重要阶梯。

成立于1980年的澳大利亚艺术银行（Art Bank）则是澳大利亚联邦政府引以自豪的支持文化艺术事业的成功范例之一。据介绍，"澳大利亚艺术银行隶属于澳大利亚联邦政府通讯、信息技术和艺术部。所谓艺术银行，是澳大利亚政府实行的一项艺术品出租计划，就是将本国视觉艺术家及工艺品制作者的优秀作品收购下来，再向本国民众出租。比起一些欧洲国家的艺术银行，澳大利亚艺术银行有着更明确的建行宗旨，即鼓励和支持富有才华的、年轻的、崭露头角的澳大利亚艺术家创作更多优秀的当代视觉艺术作品，同时，通过对这些作品的收购、交流和展出让更多的澳大利亚民众欣赏到本国艺术家的作品。在这个过程中这些作品不断升值，艺术银行再用获得的收入投入到澳大利亚艺术事业的建设与发展中"。截止到2005年，"艺术银行已收藏来自全澳大利亚近3 000名艺术家的9 000多部作品，内容包括绘画、版画、摄影作品、水彩画、雕塑、陶艺、玻璃作品、纺织工艺品，还有很多著名土著艺术家的油画、树皮画、版画、雕塑等，藏品总价值超过2 000万澳元。在出租作品时，艺术银行同样坚持自己的建行理念，即以最经济的方式让客户获得澳大利亚最新的当代艺术作品的展览权，使更广泛的民众欣赏到本国艺术家的作品。艺术银行作为澳大利亚最大的本国当代艺术作品购买机构之一，以其合理的租金，向广大客户出租内容广泛的当代艺术品。租金以年为计算单位，年租金最低550澳元起价，单个作品最低以110澳元起价，到期后可以更换或续租作品，租金里所含的税金，承租方还可在财政年度内申请退税"。此外，英国、挪威、日本、韩国、新加坡、印度等许多国家也都先后成立了艺术银行。

（二）艺术银行业务

世界上历史最久和规模最大的几家银行，例如，瑞士联合银行集团（Union Bank of Switzerland）、德意志银行（Deutsche Bank）、巴黎银行（BNP Paribas）、荷兰银行（ABN AMRO Bank）、摩根大通银行（JP Morgan Chase & Co.）等，都有相当完整的艺术银行部和一整套艺术银行服务系统，从鉴定、收藏到保存、信托等，"管了这辈子，还管下辈子"，这就是所谓的"画能保三朝，富可过三代"。据介绍，"艺术银行在提供这类服务中可以收取不少的费用。如对顾客收藏的一幅作品提供国际价格咨询，咨询费最低为3 500欧元；如果客人想委托银行把其收藏品出手，那就有销售佣金10% ~30%不等；如果想抵押，一般是保单价值的50%可以得到信用金额，加上银行的优惠利率作为银行的贷款费等。要是成立基金或信托，那就至少是总资产的1% ~2%左右了。不过各个银行和私人银行家也'见机而行'，费用不是一成不变的"。

以曾经被欧洲货币杂志社（Euromoney）评为"世界最佳艺术银行"的瑞银艺术银行为例，根据瑞士联合银行集团官方网站公布的信息，瑞银艺术银行的艺术银行业务主要由5个部分组成：艺术研究业务（Art Research）、艺术交易业务（Art Transactions）、艺术管理业务（Art Management）、结构解决业务（Structured Solutions）、艺术平台业务（Art Platforms）。艺术研究业务为客户提供收藏品市场的相关信息；艺术交易业务为客户提供艺术交易和收藏体系建立等方面的建议；艺术管理业务为客户提供收藏品估价服务，以及收藏品运输、保险、仓储和修复等方面的服务；结构解决业务为客户提供艺术资产保护方面的服务，例如协助遗产继承人或基金会保护艺术资产；艺术平台业务以巴塞尔艺术博览会(Art Basel)和巴塞尔迈阿密艺术博览会(Art Basel Miami Beach)等艺术展会为平台，为客户提供现场的艺术银行服务。事实上，瑞银艺术银行的重要优势在于艺术银行业务与艺术收藏体系相得益彰。因为"艺术银行涉及艺术品买卖、维护、估值等咨询服务，艺术资产信托、管理、保护等。而其艺术银行的广泛声誉，也得益于瑞银艺术收藏体系的存在以及艺术赞助等活动带来的客户信任。瑞银的收藏体系，本身就是一个金字招牌，无疑对其现有和潜在客户都有一定的号召力"。

与瑞士联合银行集团的艺术银行业务相比，德意志银行(Deutsche Bank)的艺术银行业务显得低调得多。事实上，德意志银行本身的收藏规模就蔚为壮观，甚至比许多专业美术馆的收藏品数量还要多。德意志银行花了30多年的时间收藏了以当代艺术为主的56 000余件收藏品，并将这些收藏品陈列在德意志银行遍布65个国家的850家分行。在位于德国法兰克福的德意志银行总部，总部办公大楼55层楼中的每一层都以一位艺术家的名字命名。在位于英国伦敦的德意志银行办事处，办事处的60间会议室也都以弗洛伊德(Freud)、里希特(Richter)等英国和德国艺术家的名字命名，墙上展示的则是他们的作品。因为德意志银行认为："这有助于银行员工更深刻地理解世界，同时还可以支持艺术家的创作。"德意志银行的艺术银行业务被划归在私人财富管理部门(Private Wealth Management)。在德意志银行私人财富管理部门"量身定做的专家服务"(Specialist Services to Meet Your Needs)中，设立了艺术咨询业务(Art Advisory Service)。作为世界上规模最大的机构收藏者之一，德意志银行的艺术银行业务主要由4个部分组成："第一方面是收藏体系规划，即新收藏的建立或现有收藏的拓展。德意志银行借助其多年艺术收藏运作的经验和国际化的网络平台，为客户寻找高质量、保值的艺术品。在尊重客户的个人艺术爱好基础上，他们通过拍卖行、展会、画廊等途径，为客户提供战略性规划，规避不当投资风险。第二方面是价值保存，当客户希望保有现存的艺术收藏或者想在此基础上进一步发展时，德意志银行为其提供价值评估、鉴定和相关文件。此外，他们也提供艺术资产的修复、运输和保险方面的建议，同时也提供个人基金会筹建、艺术品捐献等建议和规划。第三方面是未来规划，这一业务涉及遗产继承。当客户继承了一批艺术品和古董时，德意志银行可以为其提供各种可选择的发展建议，包括巩固遗产所得、拆分遗产以达到价值最大化等。第四方面是收藏管理。当客户苦于收藏管理过于耗费时间时，德意志银行为其提供专家帮助，包括确立收藏观念和艺术市场运营建议，也可以提供实际的操作，代理客户的收藏管理。”

作为世界上最早涉足当代艺术收藏的商业银行，同时也是世界上规模最大的机构收藏者之一，摩根大通银行已经拥有 30 000 余件收藏品。摩根大通银行的艺术银行业务正是建立在其丰富的当代艺术收藏基础之上。与瑞士联合银行集团和德意志银行的艺术银行业务相比，摩根大通银行并没有单独开展艺术银行业务，而是将其置于私人银行业务中的私人资产管理，收藏品与珠宝、航空器、船只、古董汽车等一起归入私人资产之中。摩根大通银行对这些个人资产提供财产管理和增值、财产转移、信托、财产保护等服务，同时还设有专门的“基金会和捐赠”业务。

第二节　金融支持文化产业发展的国内案例

在我国，许多省市的金融机构都已经开始对文化产业企业的投融资模式进行实践创新。譬如商业银行推出的各种文化产品质押贷款、国家开发银行与各省市文化产业部门的合作、中央财政注册的中国文化产业投资基金、文化部设立的文化产业投融资公共服务平台、各省设立的文化产业发展基金，以及上海、天津等地成立的文化产权交易所等。他们在解决文化产业企业有效担保物不足、推动文化产业与资本融合等问题上有过相当数量的创新，但仍然存在缺乏共识、创新过度等问题。

本课题组在这里列举几个国内目前与文化产业关系较为密切的金融案例作为参考，它们分别代表了几种目前国内已经出现的较为典型的文化金融形式，包括文化艺术产品作为抵押品介入金融活动，金融直接为文化产业发展预支资金，实现“文化”与“金融”双赢；在政府协调和推动下开展大型文化项目；金融艺术品产权份额交易；艺术品代客投资业务和文化投资基金；等等。

一、潍坊银行艺术品质押贷款案例

潍坊银行是国内较早推出艺术品质押贷款的银行。艺术品质押融资是指在《艺术品质押融资业务战略合作框架协议》内，为符合规定的借款人以潍坊银行认可的艺术品作质押，发放的短期人民币流动资金贷款业务。

作为一种新型金融服务产品，艺术品质押贷款融资业务的借款人主要是拥有艺术品收藏的法人企业、经营性自然人及个人，特别是专业从事艺术品收藏的企业和个人。在生产经营资金不足或者是继续投资艺术品收藏但不愿出售现有藏品获取资金的情况下，以提供的艺术品作为抵押，可以直接向银行申请贷款融资。用作质押的艺术品仅限于中国书法和中国绘画作品，并处于艺术品市场的中高端领域。潍坊银行为单幅评估价值下限为10万元（含）、上限为1 000万元（含）的艺术品提供质押，质押贷款单户最低额为10万元（含）、最高额为500万元（含），贷款期限最长为一年，最高质押率为艺术品评估价值的50%（含）。艺术品质押贷款执行利率原则为同档期流动资金贷款基准利率上浮30%（含）～50%（含），利率浮动由打折比例、贷款期限和客户资信等因素确定。

（一）潍坊银行艺术品质押贷款业务流程

潍坊银行推出艺术品质押贷款融资业务，它的执行不同于一般流动资金贷款授信的工作机制，总行指定一家支行具体经办此项业务，总行成立艺术品质押贷款审查委员会5人联审（实行全票通过制），实施与常规流动资金贷款不同的贷款调查、审查与审批流程。其基本流程分为七步：第一步，借款人提出申请；第二步，潍坊银行受理、贷前调查及审查；第三步，借款人委托潍坊中仁艺术品发展有限公司向中国文化部文化市场发展中心艺术品评估委员会进行艺术品真伪鉴定与价值评估；第四步，潍坊中仁艺术品发展有限公司为借款人的贷款提供担保（事先存入符合潍坊银行要求的担保基金），担保系数为1∶3，并根据贷款余额进行动态调整；第五步，潍坊银行同借款人、保证人三方共同签订借款合同、质押合同、担保合同、质押艺术品远期交易合约（即预定买家）和书面告知声明；第六步，潍坊银行、潍坊博物馆及潍坊中仁艺术品发展有限公司三方共同签订艺术品质押贷款质物保管协议；第七步，潍坊银行向借款人发放贷款。

（二）艺术品质押贷款效果和评价

截至2011年9月，潍坊银行艺术品质押贷款业务规模达到1 291万元，质押的艺术品评估价值2 898万元，贷款平均折扣率为质押物评估价值的44.2%，贷款期限均为12个月，贷款利率为同档期贷款基准利率上浮50%，即月利率为6.637 5‰。而且，到目前尚无不良贷款发生，实现了银行与艺术品融资主体的双赢。本课题组认为，潍坊银行艺术品抵押贷款的本质是对抵押品的创新，即将传统上认为价值较难确定的“文化产品”作为抵押物，据此提供信贷。潍坊银行针对艺术品质押贷款所设计的贷款调查、艺术品估值、保管等流程具有一定的代表性，值得国内其他文化金融活动借鉴。但这类金融活动仅仅起到了盘活文化产品“存量”的效果，对文化产业本身的促进作用可谓有限。

二、招行授信《集结号》案例

2006 年 8 月，招商银行以无第三方公司担保的方式，与华谊公司签署了为期两年的 5 000 万元贷款合同，拍摄电影《集结号》，开创了国内银行业无担保贷款影片的先河。

（一）授信依据

中国文化产业的蓬勃发展是大势所趋，尤其是近年来中国观众对电影产品的需求巨大，而金融资本与电影行业的合作在发达国家已有成熟模式和许多成功案例。从剧本内容看，《集结号》符合主旋律，又是军事题材，而 2007 年恰逢建军 80 周年，为这样的影片提供融资，在信贷投向上不成问题。影视产业制播分离的机制本身就具有过滤风险的作用，因为制作方从一开始就必然十分关注其产品的艺术性、政治性以及商业价值。在中国内地，华谊是最具竞争力的影视制作公司，冯小刚是最具票房号召力的导演之一，从以往经验看，他们拍摄的电影大多具有较好的票房收入。

（二）风险控制和经验

为了更好地控制风险，招行借鉴了房地产开发贷款的做法，要求在这部总投资 1 亿元的商业大片中，华谊兄弟先将 5 000 万元的自有资金落实到位。经核实之后，招行采取分批放款的方式进行授信。

对商业银行来说，5 000 万元的《集结号》贷款虽不是大项目，但涉及的贷款对象——文化产业却是全新的领域，资金运作方式与传统企业贷款大有不同。招行总行公司银行部、信贷管理部、授信审批部、法律合规部等相关部门负责人以及深圳分行、南山南油支行等业务骨干组成项目组多次开会研讨，以此为契机，探索出了一套对文化产业投资的风险控制机制。

招商银行《集结号》贷款项目组达成的共识是：文化产业与工业品生产的基本模式一样，都有产品、品牌、营销和渠道四个环节，其风险点主要在于拍摄许可、拍摄完工、影片销售三大要素。《集结号》题材获得拍摄许可证问题不大，华谊公司也能提供完工风险担保。但在影片销售环节，如果以《集结号》全球版权作为质押，就不能对片花做预售和公开放映。为此，招行突破性地采取了将版权质押权行使到拍摄完工阶段，在后期，则采取以全球放映的票房收益权替换版权质押权的方式。事实证明，这套贷款决策的流程符合《集结号》电影的信用水平和现金流分布，达到了预期的效果。

（三）《集结号》项目贷款的效果和意义

《集结号》于2007年年底上映，公映三周后票房即超过两亿元，不仅使该笔贷款的按时偿还得到保障，而且为招行创造了巨大的品牌效益。2008年1月3日，中共中央政治局常委李长春同志批示，建议总结此片在金融资本和影视制作结合上的成功经验，使文艺界认识资本的力量，更加自觉地推动文化体制改革，使金融界认识文化产业是高效益的朝阳产业，积极支持文化产业发展。同日中共中央宣传部部长刘云山也批示，要研究《集结号》的投资模式，以推动文化产业的发展。

本课题组认为，《集结号》项目的贷款，是用金融支持我国电影业乃至整个文化产业发展的重要尝试，它开创了一条“文化产品抵押和预支现金—文化产品生产—文化产品销售—偿还现金”的文化金融道路，使得金融活动渗透到了传统的文化产品生产过程中，不但能盘活目前文化产品的存量，还能完成文化产业现金流量的跨期配置，促进文化产业自身的发展，带来文化“增量”，实现金融业和文化产业的双赢。《集结号》贷款中积累的版权质押、风险管理等经验，为当前招商银行在浙江横店影视城推出的“影视通宝”大型文化金融项目，提供了重要的前期支持，也能作为全国各地金融机构开展类似业务的参考。

三、国开行对徽州文化保护的金融支持

徽州是中国历史上的一个行政区，地域大致相当于目前的安徽省黄山市。现在“徽州”一词更多指的是具有共同历史、文化和语言，历史上长期由徽州（徽州路、徽州府）所辖的歙县、绩溪、休宁、祁门、黟县和婺源六县区域。徽州文化是中外学者重点研究的中华三大地域文化之一，包含徽剧、徽菜、徽雕和新安理学、新安医学、新安画派、徽派篆刻、徽派建筑、徽派盆景等文化艺术形式。

对徽州文化的挖掘和开发由来已久，但受地方政府财政力量限制，大手笔不多。在中央号召对文化事业提供金融支持的背景下，国家开发银行与安徽省、黄山市等各级地方政府开展了全方位的合作，尤其是对带有公共品性质的文化场馆建设提供了大量资金。

（一）徽州文化博物馆的金融支持

徽州文化博物馆是徽州文化保护开发的典型，也是徽州文化传承的集大成者。2008 年 12 月，在徽州当地财政筹资 4 000 多万元耗尽，后续配套设施尚未建设的背景下，国家开发银行核准了安徽省徽州文化博物馆建设项目，并于 2009 年 4 月全额发放项目贷款 5 000 万元。目前项目已整体完工并投入使用，博物馆占地 157 亩，建筑面积 14 000 平方米，展出面积 6 000 平方米，名列安徽省第二大综合性博物馆，每年接待中外参观者数十万人，是安徽省和黄山市两级爱国主义教育基地，在弘扬徽州文化和推广黄山旅游方面起到了积极的示范作用。

（二）文化外围设施的金融支持

国家开发银行不但注意“文化点”本身的金融支持，还重视与地方政府合作，为“文化点”的周边建设提供了扎实的帮助。2007 年 7 月，开发银行安徽分行承诺黟县西递、宏村路网项目贷款 5 000 万元，既是开发银行在安徽县域经济合作的试点，也将旅游开发与文化传播的阵地推广到县乡两级。随着交通的便捷和基础设施的改善，仅宏村的旅游接待人次就由 2005 年的 53 万人次跃升为 2010 年的 122 万人次，增长了 130.2%。2011 年 5 月 25 日，国家旅游局授予西递、宏村 5A 级景区标牌，这一成绩的取得与国开行的金融支持是分不开的。

（三）国开行文化金融支持的特点

对徽州文化保护的金融支持仅仅是国家开发银行对文化产业金融支持的一个缩影。除安徽外，从 2009 年起，国家开发银行还先后与新闻出版总署、河南省、上海市、青海省、西安市等省市签订文化产业合作备忘录，意向合作额度达 1 400 亿元，到 2011 年 9 月底，国开行文化产业贷款余额突破千亿元，达 1 053 亿元，在金融同业保持第一位。上海世博文化中心、上海迪士尼、陕西大明宫国家遗址公园都是国开行支持的大手笔。国家开发银行提供的文化金融支持与普通商业银行有所不同：它更注重项目的文化价值和公共价值，金融规模往往较大，并通过与地方政府的合作，将金融与地方发展结合起来。这种文化金融运作方式，和国家开发银行本身的政策性定位有关，其他商业性金融机构不一定能完全照搬，但它能够提供的经验是：大规模文化金融支持应当与政府部门保持良好的合作关系，以及注意项目的文化价值和社会价值。

四、丽江旅游文化产业金融支持案例

云南旅游文化产业发展在全国范围内名列前茅,而丽江旅游文化产业发展又走在云南省的前列。丽江旅游文化产业之所以有口皆碑,与丽江市政府顺应大势、具有前瞻性有关,也与金融部门尤其是银行业的大力支持密不可分。

(一)加大对旅游文化产业的信贷投入

银行贷款的投向基本上与政府的产业政策相吻合。从丽江地区2001年至2005年的银行贷款投向分析来看,各银行贷款均向旅游业及与旅游有关的文化产业倾斜,贷款主要集中在宾馆、酒店、客栈、旅行社、景点基础设施建设、景点旅游专线道路专用交通工具及通信网络等。从2001年到2005年,工商银行丽江市分行、农业银行丽江市分行、建设银行丽江分行、中国银行丽江分行、丽江古城区农村信用合作联社五家银行五年来向旅游文化产业贷款累计发放额每年都增加,2001年为2 0247万,2002年为43 784万,2003年为101 687万,2004年为111 792万,2005年为174 759万。从增长情况来看,2002年较2001年提高116.25%,2003年较2002年提高132.25%,2004年较2003年提高9.94%,2005年较2004年提高56.33%。这些数字告诉我们,在丽江,银行贷款的增幅远远超过经济的增长速度,可以说,没有银行业的鼎力支持,没有银行业的大力配合,就不会有丽江旅游文化产业发展的繁荣。

(二)利用资本市场解决资金难题

2004年8月25日9点,深交所一声锣响,云南旅游第一股、云南中小企业第一股——丽江玉龙旅游股份有限公司正式在深交所中小企业板挂牌。有旅游资源但没有资金开发,一直是困扰旅游企业的“心病”。显然,上市是解决企业资金问题的最佳方式。丽江玉龙旅游股份有限公司选择了上市之路,并为此整整努力了十年。丽江旅游上市的意义已远远大于其上市本身。作为云南旅游第一股和云南中小企业第一股,“丽江旅游”除了能巩固玉龙股份和丽江旅游本身的发展之外,对于云南旅游大省的发展和中小企业来说有着不可估量的价值。丽江玉龙旅游股份有限公司的上市,为丽江旅游业及云南旅游业走向资本市场奠定了基础。

(三)重视解决旅游支持行业的中小企业融资问题

丽江文化旅游产业的发展,离不开其他产业的支持,而丽江市其他产业的经营主体大多为中小企业,AA级以上的企业仅占中小企业总户数的

6.7%,占贷款户数的0.03%;A级企业占中小企业总户数的23%,占贷款户数的0.11%,其余大部分企业为B级或3B以下,属限制贷款之列,普遍存在融资困难的问题,难以为旅游产业提供周边支持。为了有效解决这一问题,2005年8月24日,丽江市人民政府印发《丽江市工业发展倍增计划实施意见》的通知,在《通知》中对中小企业融资问题提出了几点措施:加快社会化服务体系建设,建立企业融资平台。坚持政府引导、市场运作的原则,实施中小企业服务体系建设工程;动员和鼓励社会各方面的力量,建立为中小企业服务的各类社会化服务组织;加快企业信用担保体系建设,建立政府引导、银行和社会担保机构参与的企业融资贷款平台,构建覆盖全市的贷款担保体系;完善丽江市银企联席会议制度,加强政、银、企之间的沟通,尽力满足产品有市场、有效益的企业流动资金需求。

丽江地区银行人员认为,要支持中小企业的发展,就必须开阔视野,扩大贷款对象范围。信贷的触角不仅要深入到信用等级高的企业,也应视具体情况,深入到广大信用等级较低的客户群体之中,而不能将信用等级的高低作为是否向中小企业授信的唯一标准。为此,各家银行都想出了自己的招。比如,信用社的信贷重点是支持"农家乐"、客栈、马队及出租车。农业银行发布的《小企业贷款管理办法》,重点是为了解决中小企业融资难问题。建设银行丽江分行重视对中小企业的支持,推出的创业贷款,最高可贷500万元。总之,银行对那些项目好、运作好、管理到位、自身有效益、通过支持发展对银行也有效益的中小企业,都积极给予了大力支持。

(四)加强银政、银企之间的合作

一是重视银政合作,实现"三赢"。2005年,中国农业银行副行长亲临丽江,代表总行与丽江市政府签订《银政全面合作协议》。银政合作协议签订后,农行云南省分行围绕市委、市政府提出的"打造文化旅游名市、构建和谐丽江"的目标和实施的"文明立市、旅游强市、水能富市、和谐兴市、人才推动和全面开放"六大战略,细化合作内容,加快推进协议的实施,农行云南省分行加大对有优势资源客户的信贷投入,仅2005年就发放贷款8亿元,对丽江加快旅游、水电、文教卫生等产业发展提供了有力的支持,提高了地方经济效益。

2005年6月15日,农总行对金安桥水电站有限公司书面承诺贷款80亿元,巩固农行与该公司的合作地位。另外,以银政合作为契机,做好配套金融服务,通过与市、县移民开发局签订了《代付移民搬迁款合作协议》,独家代付“一库八级”电站移民搬迁款。在文教卫生产业方面，农行重点支持了《纳西古乐》《丽水金沙》《印象丽江》及云南大学旅游文化学院、市第一中学、市第一人民医院等一批在当地影响大、实力强的优良客户，建立了良好的合作伙伴关系。

通过银政合作，地方经济实现了平稳增长，合作企业得到了快速发展，丽江分行的经营效益得到了提高，信贷结构得到了优化，实现了真正意义上的政府、企业、银行“三赢”。

二是加强银企合作。银行和企业都是自主经营、自负盈亏、自担风险、自我约束的经济法人，享有同等的权力，承担同样的义务，双方的经济活动都是以满足市场需求为导向。丽江所在地各银行与企业本着“政府导向、部门参与、银企合作、实现双赢”的原则，通过多接触，多交流，多沟通，取得了明显的效果。

五、香港迪士尼乐园建设案例

香港迪士尼乐园（Hong Kong Disneyland）是位于香港新界荃湾区大屿山香港迪士尼乐园度假区内的主题公园，由香港特区政府及华特迪士尼公司联营的香港国际主题乐园有限公司建设及营运，由香港迪士尼乐园管理有限公司管理。香港迪士尼乐园是迪士尼全球第5座、亚洲第2座迪士尼乐园。香港迪士尼乐园耗资巨大，为顺利完成此项目，香港特区政府与美国华特迪士尼公司在股权、融资、土地和后勤基建等交易要件上做了精心设置，特区政府本身的入股颇为引人注目。

（一）兴建费用和股权结构

香港迪士尼乐园（主题公园）由香港特区政府与华特迪士尼公司（迪士尼）共同成立的合资公司——香港国际主题公园有限公司（HKITP）负责兴建和营运。双方约定：如果将来有第三者投资人士对HKITP感兴趣，届时香港特区政府和迪士尼可以出售股票。但是，迪士尼最少需要持有19亿港元股份，而香港特区政府在主题公园启用后则不受最低持股要求规限。

HKITP兴建主题公园的费用估计为141亿港元，除了资本金57亿港元，还需要借款84亿港元，以达到“负债/净资产”6∶4的最佳资本结构。84亿负债中包括61亿港元政府贷款（包括资本化的利息5亿港元），分25年连同利息摊还，以及23亿港元的商业贷款。商业贷款只占负债的1/4强，原因是预期HKITP运作初期，审慎来说，流动资金不能承受过高比例的商业贷款。按照协议，主题公园一期土地的地契年期为50年，HKITP有50

年的续约权。此外,HKITP 有权以 28 亿港元(1999 年地价,将按通货膨胀幅度调整)买入二期的地皮,该选择权有效期 20 年。

为协助 HKITP 最初数年的发展,政府贷款将根据递进计算法借出:在主题公园建筑期间和启用后最初八年,按优惠利率(8.5%)减 1.75%,即 6.75%;其后八年,按优惠利率减 0.875%;其后九年,按优惠利率。香港特区政府表示,整个贷款期的平均利率约为 7.5%,远高于香港特区政府以外汇基金的回报率计算的资本成本。

主题公园一期占地 126 公顷,土地开拓(填海和土地平整)费用为 40 亿港元。根据收入预测,HKITP 无法用现金支付有关费用,否则从投资者的角度来看,股本的预计回报率将大大降低,达不到合理回报,从而导致 HKITP 不能按商业形式筹措资金。

(二)特区政府提供的后勤基建

为配合兴建主题公园,香港特区政府还投资 136 亿港元进行了主题公园周围的基建工程,包括周围道路、码头、公共交通、警岗、消防局、渠务和排污设施,以及平整土地等。该项支出数额庞大,香港特区政府表示,由于该片土地早就被规划作旅游及康乐用途,即使不建主题公园,大部分基建项目也需要进行。

(三)特定的股权结构设计

兴建迪士尼乐园给香港带来的众多经济社会效益是难以量化的,而如果交由私营资本操作,总投入约 300 亿港元的巨额支出将使项目回本期遥不可及。为了实现商业化运作,香港特区政府在交易结构的设计中煞费苦心:首先,仅将兴建费用列作项目支出,以确保项目收益率高于一般基建项目(例如投资机场或铁路);其次,根据合理负债率确定了股权出资额,并由政府提供低息贷款,避免出现财务费用过重的困境;最后,通过"地转股"的安排分享项目成熟期收益,并适时退出。股东双方商定,香港特区政府以附属股本形式向 HKITP 注资 40 亿港元,作为主题公园一期的土地费用。附属股本可以在 HKITP 业绩理想时转换为公司普通股,但只能在主题公园启用五年后开始转换,为避免过分影响其他持股人的股份价值,转换上限每年增加 5%,任何一年的最高转换额不得高于 10%,也就是说,如将全部附属股份转换,要到主题公园启用后至少 25 年才能完成。另一方面,美国华特迪士尼公司仅以 24.5 亿港元出资占有了总投入约 300 亿港元项目 43% 的权益,还不包括从 HKITP 收取的费用,在交易结构中的强势是显而易见的。

六、文化产权交易、“艺术品份额化”及其泡沫

2010年3月，文化部等九部门联合签发的《关于金融支持文化产业振兴和发展繁荣的指导意见》中明确指出，鼓励国内文化企业积极借助资本市场平台，拓宽企业融资渠道，尝试文化产权交易，促进文化产业做大做强。《指导意见》下发后，由于资本大量涌入文化产业领域进行投资，各地文化产权交易平台便应运而生。最初的文化产权交易，包括各类文学作品版权、改编权、影视作品版权的交易及旅游景点建设筹资和预售等内容，呈现出非标准化特征。

艺术品份额化交易，是2010年起我国一些文化产权交易所推出的一种准金融产品。所谓份额交易模式是指将份额标的物等额拆分，拆分后按份额享有的所有权公开上市交易的方式。举例来说，假如一件艺术品价格为1 000万元人民币，那么就可以将它分成1 000万份份额，按1 000份或1 000份的整数倍（每份份额1元）进行申购。此时投资人可以参与艺术品上市前的发行申购，持有艺术品的原始份额。这种交易方式拉低了艺术品投资的门槛，根据产权交易所初期的典型规则，只需在银行存款超过5万元就可以参与份额交易。

（一）艺术品份额化的积极意义

艺术品份额化交易是我国在文化资本市场领域的一种创新。与本书前述的各种文化产业金融活动相比，艺术品份额化更具有“二级市场”的特点。前述各类文化产业融资活动，其“融资”意义较强，文化产品或作为特定生产活动融资的抵押物，或作为融资后的生产对象；而在份额化交易中，被“份额化”的艺术品，已经和后续生产脱离了关系，纯粹成为了一个投资产品。

1. 丰富了文化产品的交易模式

目前比较成熟的艺术品交易主要是两种类型，其一是以画廊等为主体的分散市场交易模式，一般称为艺术品的一级市场；其二是以拍卖等中介机构为主体的集中竞价交易模式，一般称之为艺术品的二级市场。艺术品或其他文化产品的市场交易基本上是这样两种模式，即使是艺术品基金等金融机构进行的艺术品投资，最终也是要通过这两种模式进行市场交易的。在文化产权交易市场进行的艺术品份额化交易实现了对艺术品一级市场和二级市场的延伸，形成了一个独特的类证券化的符号资产交易模式，在不需要产品的实际完整交割的情况下，投资人对艺术品产权进行标准化的连续交易。这种模式对于其他文化产品的交易模式创新与拓展具有启发价值。

2. 满足了多元化的社会投资需求

艺术品投资已经成为一个重要的现代投资领域，但是一般的艺术品投资门槛比较高，属于有钱人的游戏，普通人很难参与，尤其是一些稀缺珍贵的艺术品投资领域。艺术品份额化交易模式是将艺术品的评估价格均分为若干份额，每一个份额都可以单独购买和交易，这样就可以让普通投资人也可以参与到高估值艺术品的投资中来，从而有机会分享珍贵艺术品的增值收益。这样不仅丰富了艺术品的投资形式，也可以比较好地满足多元化的社会投资需求。

3. 推动了艺术品的价值发现

在传统社会，市场交易规模小，也不活跃，艺术品的价值主要是艺术文化价值，市场价值往往得不到充分实现。在现代社会，艺术品的价值除了它的艺术文化价值之外，一级市场是通过买卖双方的讨价还价来确定艺术品的交易价格，二级市场是通过拍卖公司等中介的撮合，由多个购买者以竞价机制来发现艺术品的价值。艺术品份额化交易可以让更多的社会大众参与到艺术品的价值交易中来，如果这些参与者都是比较理性的投资人的话，就可以比较充分地实现艺术品的理想价值。

4. 实现了艺术价值的社会普及

艺术品市场的功能除了最直接的投资消费作用以外，还有一个很重要的超经济价值就在于可以更好地实现艺术品的流通和艺术价值的社会普及。在传统社会，在艺术市场化不足的情况下，艺术品往往只是少数人的奢侈品，艺术家往往也只能依赖贵族等特权阶层的供养才能生存。艺术市场实现了艺术品的社会化流通，也自然推动了艺术价值的社会普及。艺术品份额化交易不仅可以让更多人参与到艺术品的价值交易中来，也可以使艺术品被更多的社会大众所关注和欣赏，因此对于艺术价值的社会化普及具有更显著的作用。

（二）艺术品份额交易的问题

艺术品份额交易虽然在形式上类似于证券交易，但与证券市场有着本质的区别，其信用风险、交易风险、市场风险、法律风险，比证券更加难以防范。

1. 类证券化交易的基础缺失

在一般的股票市场，证券交易的对象是符合现代企业管理规范的生产性市场主体的份额，从本质上讲购买这样的份额就是对该企业的投资，因为企业是一个生产性市场主体，所以股票投资是会随着企业的成长而不断增值的。而艺术品充其量只是一种具有精神消费价值的产品，其可能的增值也是依托于市场消费需求的增长，并不具有生产性增值的可能。将艺术品进行类证券化交易显然不具备基本的价值基础，在规则和监管都缺失的情况下，投机泡沫的出现几乎是必然的。相对于股票发行而言，艺术品份额发售机制缺乏必要的信用保障体系。艺术品份额发售和交易中，与艺术品份额发行、上市相关的事项均由文交所负责，交易所不但决定艺术品份额能否发行和上市，甚至还决定份额发行上市工作由发行商完成。这种做法不仅有悖于市场的公平、公开、公正原则，有损于市场的公信力，也难以抑制道德风险和逆向选择问题，更有可能将艺术品发售演变成为利益输送的渠道，而沦为滋生腐败、洗钱犯罪的温床。

2. 定价机制存在缺陷

艺术品是一种特殊商品，艺术品之间的价格缺乏可比性，其价格通常由买卖双方依据个人的评估与判断共同决定。艺术品份额的定价过程中，既没有一个公认的标准体系，也没有一个公认的、权威的鉴定与评估机构，难以对艺术品的价值做出公允的估值。艺术品份额的投资回报缺乏稳定的基础。相对于股票而言，艺术品自身并不产生现金流，相反每年必须支付一定的养护、保险费用。艺术品展览虽然可以获取一些收入，但成批展出的收入很难在每个艺术品之间进行合理分配。另外，艺术品实物无法按照份额交割，投资者不可能实现从持有份额中分享对艺术品的欣赏、收藏。因此，艺术品份额化的投资回报更多地只能寄希望于交易价格的不断升高，低买高卖，获取价差就成为投资者获利的主要模式，价格起伏越大、交易越频繁，越便于短期获利。在这种机制下，投资者的非理性行为可能将份额价格推高数倍，导致价格失真，狂热之后出现暴跌，在市场中产生连锁反应，最终使投资者损失惨重，成为受害者。文交所上市的艺术品份额，总份额相对较小，且采用“T+0”交易模式，容易被人为操纵，出现市场的剧烈波动，甚至被非法资金炒作，从事短线交易、操纵市场和洗钱等不法活动，聚集市场风险。

3. 交易制度建设和监管缺失

作为一种全新的交易模式，艺术品份额化交易在还没有进行必要论证的情况下就进入实践，相关管理机制不到位，与一般艺术市场的联系也未建立，成为一个野蛮生长的资本飞地，发生严重投机炒作的问题自然难免。出于利益的驱动，当交易机构以类证券化的方式使得“艺术品股票”的泡沫迅速扩大，风险已经很显著的时候，我们的监管机构还没有明确，证监部门不管，文化部门不管，政府综合部门也不知如何管。在监管机制缺失的情况下，制度设计的缺陷所导致的问题被迅速放大。比如退出机制设计不合理，使得在交易所进行份额化交易的艺术品在实践上几乎不可能正常退市，因此就使得这个市场成为了一种以文化艺术符号为标的的空炒、空转的“博傻”赌市。

与国外相比，美国在2010年6月有两家交易所准备推出“电影票房期货”，尽管经过了十余年的前期论证和筹备，相关金融管理机构也通过了该金融产品，但由于美国电影界的反对而搁浅。如果我国的艺术品份额化交易能多一些耐心、多一些论证试验、多一些相关利益攸关方的参与，也不至于出现如此不堪的后果，更不至于让如此多的普通投资人受到泡沫破灭的伤害。

（三）艺术品份额交易的泡沫化和治理

从2009年6月国内首个综合性文化产权交易平台上海文化产权交易所挂牌，到2010年7月中国首个基于“权益拆分”模式的资产包“深圳文化产权交易所1号艺术品资产包——杨培江美术作品”完成发售，艺术品份额交易的成长速度非常快，但也随之出现了相当严重的价格泡沫。

以天津文化艺术品交易所为例，2011年1月26日天津文交所将天津山水画家白庚延的两幅作品《黄河咆哮》和《燕塞秋》分别拆分为600万份和500万份，以每份1元的价格挂牌交易。此后两幅作品遭遇市场爆炒，两幅作品最高价一度达到18.7元/份和18.5元/份，在不到两个月的时间里暴涨17倍多。《黄河咆哮》已创出亿元的天价，两幅画作的流通总市值超过1.8亿元，被认为远远超过其本身的价值。为控制价格暴涨局面，天津文交所屡次修改规则。2011年初开户门槛是5万元，但3月份起门槛直接提高到50万元。7月1日天津文交所“二次开张”，但在进入门槛、申购政策、调整价格涨幅和增加特殊处理制度等方面进行了新的规定。投资门槛提高至100万元；在申购方式上，由过去的定价申购改为竞价、定额申购。此外，日涨跌幅限制上也做了较大修改。此前的15%的日涨跌幅大幅调整至5%，还增加了特殊处理制度——艺术品份额在20个交易日内，累计出现6次涨停或跌停就将被特殊处理。特殊处理后，日涨跌幅由5%进一步下调至1%；交易模式也由“T+0”变为“T+1”。天津文交所“朝令夕改”导致交易品种在暴涨、暴跌和交投死寂之间跌宕起伏，饱受舆论质疑。而一年后，《黄河咆哮》收市报价1.77元,《燕塞秋》报价1.67元,其他多个份额化艺术品甚至跌破了发行价。在定价泡沫之外,文化产权交易在法律上的界定仍然较为模糊,大多数文化交易所从事着未经批准的、非金融机构的、面向不特定多数投资者的金融交易活动,而郑州文交所首批发售的3只艺术品中就有2只涉嫌违法从事文物经营。

2011年11月,国务院发布了《关于清理整顿各类交易场所　切实防范金融风险的决定》(简称"38号文")。短短的两年时间,我国的艺术品份额化交易经历了兴起、繁荣、衰落的剧烈演变。"38号文"规范了文化产权交易的规则,在该文发布前后,如深圳文交所等机构就出现了长期停牌和资金冻结,最后采用购入价回购等方式实现了资金解冻。2012年10月,18个省、市、自治区的26家文化产权交易平台机构成立了第一个全国性文化产权交易行业自律组织,即全国文化产权交易共同市场,目标是逐步实现统一的交易模式、规则和收费标准等。

在艺术品份额交易整顿之前,份额交易几乎是文交所的唯一业务。这一主营业务停止后,各地文交所纷纷沉寂下来,自寻出路。作为两大国家级文化产权交易平台之一,深圳文交所的业务创新和改良是一个合适的案例。深圳文交所2013年着重推出五大业务:实现文化国有产权、文化企业上市孵化、文化版权、艺术品银行与文化产业基金一站式创新服务五类交易的突破和创新。其中,艺术品银行业务旨在为客户提供财富管理,客户买完艺术品之后可以继续存放,等5~10年升值后,再通过该平台卖出。上述画展归属的青年艺术家创业计划(YAEP)是深圳文交所启动艺术品银行业务的一个切入口。文交所虽然可以做艺术品、做影视等,但很难获得行业的认同。就拿艺术品来说,文交所很难做得过拍卖行,因为没有大客户,顶尖的艺术品不会到文交所来交易。通过《青年艺术家创业计划》,一些个人投资者也在慢慢回笼,因为购买门槛低,单幅画最低标价才5 000元。该画展画作标价在5 000元~25万元,均价在3万元左右。

(四)我国文化产权交易发展路径探析

1. 拓展文化产权交易平台功能,丰富产品种类

中国虽然成立了一大批文交所,但各个文交所的产品种类尚且有限,还有的文交所规定的业务范围较广,但实践中有的业务并未开展。这种情况造成文交所"信息集聚、价格发现、资本配置、中介服务、制度规范"五大功能尚未能真正发挥,由此要拓展文化产权交易市场平台功能,丰富文化产权交

易产品种类,促进文化产权交易向多元文化产权发展。首先是文化产权交易市场的平台功能拓展。文化产权交易市场的定位与职能需要向综合性发展,而非单一地定位于文化产权交易。只有建立"集文化资源价值发现、挖掘与建构,文化产权发布与交易,文化产权投融资汇集,文化企业孵化,文化产权登记托管,文化产权资本培育于一体的交易平台",才能真正汇集全国各地优秀的文化资源及金融资源,才能使文化产权交易市场真正成为文化与资本交会对接的重要阵地。针对中国文化产权交易市场产品单一的情况,要建立以文化产权交易市场为主导的产品创新机制,鼓励文化产权交易市场主体开展自主创新,丰富文化产权交易市场的产品结构,构建文化产权交易的"超级市场",使文化产权交易市场真正成为一个"信息聚集"和"价值发现"的平台。

2. 完善文化产权交易的交易机制及退出机制

艺术品份额化交易实践初期因为交易机制和退出机制存在问题而产生了诸多混乱。譬如文交所采用的"T+0"的交易机制造成了艺术品份额化交易炒作严重;文交所普遍缺乏明确的退市机制也进一步加剧了艺术品份额化交易乱局。吸取艺术品份额化交易中的教训,文化产权交易中应完善交易和退出机制。在文化产权交易市场中,应制定合适的投资者准入门槛,使具备相当资产规模、风险承受能力和投资经验的投资者先行进入这一市场;明确信息披露机制,及时披露同类产品的市价及异常交易活动和对其处理办法;各类文交所本身不直接参与交易,仅在提供服务平台基础上收取撮合交易佣金。文化产权交易退出机制方面,应当达到通过文化产权交易市场实现文化产权和资本对接的目的。对于知识产权开发、旅游文化发展、影视作品股权等非实物文化产权,可以制定相关细则,促进文化产权交易双方达成交易意向后直接进入后续资本开发阶段;对于艺术品、手工艺品等实物文化产权,可以将其归分为一个2.5级市场,在现有的大的拍卖基础之上,作为一个中短期的类似于拍卖预展的替代方式。

3. 借助金融手段,深化文化产权交易

艺术品份额化之所以能够快速发展的原因之一是其将艺术品市场和资本市场进行对接,其迅速败落的原因之一是艺术价值被金融工具化,被资本投机所绑架,即金融市场将艺术品市场遮盖。因此,在整个文化产权交易中,既要体现文化的特色,又要借助金融的力量,二者是一种对接和融合的关系,目标是实现文化市场和金融市场的双向发现,二者的结合既不能是两张皮，也不能是某一市场吃掉另一个市场。

由于文化产权交易在国内尚处在成长阶段，由此在发展中需要借助金融体系的力量，借鉴金融体系成熟的运作方式，促进自身进一步完善壮大。在此方面，金融体系中的银行、保险、基金等多个类别都可以为文化产权交易提供运作工具或是运作模式的参考。

（1）银行。银行在文化产权交易中除了可以提供贷款支持外，还可以为文化产权交易的资金提供安全的第三方托管和结算。为了保证资金的安全，文化产权交易所可以通过银行的支付中介业务汇划资金。银行为文化产权交易所开设的专门账户用于保管和集中存放客户交易资金、资金交收备付金、发行保证金、交易佣金等。该账户实行专户管理，资金封闭式运行，用于客户交易资金划转、资金交收备付金收取、手续费收取、发行保证金收取等约定用途。

（2）保险。保险是降低文化产权交易标的物风险的有效手段，但由于文化产品在价格评估和真伪、品位鉴定方面存在一定的特殊性，而估值和鉴定的准确程度对保险公司的影响非常大，由此限制了保险公司文化产品保险业务的开展。2010 年 12 月，文化部与保监会联合发布了《关于保险业支持文化产业发展有关工作的通知》，并公布了第一批 11 个文化产业保险试点险种。首批文化产业保险所涉及的试点险种几乎全部与文化产权交易的标的存在一定的关系，因此对未来文化产权交易标的物的保险将会有极大的促进作用。

（3）基金。公募基金和私募基金对文化产权交易都有重要的借鉴意义。公募基金采取基金监管机构、基金管理人、基金托管人和基金投资者利益制衡的运作方式，基金监管机构负责基金总体监管，基金管理人（基金公司）负责基金日常管理，基金托管人（银行）负责基金安全流转，基金投资人则购买和赎回基金投资。公募基金成熟运作模式可以为文化产权交易所借鉴，即有专门的监管机构负责文化产权交易监管，文化产权交易所负责交易项目管理，银行负责资金管理等。私募基金方面，文化产权交易可借鉴私募基金的融资和投资方式，大力发展我国文化产业投资基金，增加文化产权市场机构投资者，这是改善中国文化产权交易市场投资结构、提高文化产权交易市场活动水平、促进中国文化产权交易市场逐步走向规范化的重要措施。此外，在文化产权项目评估遴选等方面，可以充分借鉴一些基金的运作方式，譬如韩国政府成立的技术融资机构——韩国科技信用担保基金(KOTEC)设立技术评估分部,根据他们自行设计的行业最优评估模型,对每个项目做出技术评估,并颁发技术评估证书,此证书所包含的技术分析、市场分析、业务分析等丰富的信息对决定项目遴选具有很大参考价值。

充分挖掘金融市场对文化产权交易的促进作用,但是金融工具和金融手段的开发利用要适度,不能使金融市场淹没了文化的特性。金融市场在文化产权交易中的发展是否超越"度"的标准,应当考虑金融工具的使用是否有利于文化价值的实现和持续创造。

七、商业银行和信托机构的艺术品投资业务

我国商业银行和其他金融机构作为金融创新最活跃的微观主体,近年来参照国外经验,以艺术品为相关标的物,推出了各类投资产品。

2009年6月,招商银行正式启动了私人银行艺术鉴赏计划。该计划包括可以提供艺术品投资"套期保值"的创新艺术品鉴赏服务,即客户与招行私人银行签订协议之后,在一年(含)之内,如果其选定的艺术品升值,客户可随时以原约定价格购入该艺术品。具体来说,客户从招商银行推荐的当代艺术品中任意选择其喜爱的作品,存入相当于该艺术品现价的保证金,即可拥有该艺术品的鉴赏权益。在免费鉴赏期内,招行免费将艺术品运到客户家中,让客户用一年的时间来决定是否购买该件艺术品。而诸如长安信托、华宸信托、四川信托等信托公司,也与资产管理公司合作,纷纷推出了以中国瓷器和玉器当代名家名作为主的结构化信托投资产品,管理信托资产的资产管理有限公司保证买入艺术品的赝品赔付义务,承担如艺术品出现赝品或其他不符合购买合同约定的情况下产生的损失,并保证履行到期滞销艺术品溢价回购义务。

八、中国文化产业投资基金案例

文化产业投资基金的设立是借鉴成熟资本市场"产业投资基金"运作模式,由发起人定向募集,委托专业机构管理基金资产,主要采取股权投资方式解决文化产业融资问题的一种探索和尝试。到2013年3月,全国共有各类文化产业投资基金116支,包括文化产业股权投资基金、艺术品投资基金、文化产业专项投资基金等几大类。以35支文化产业股权投资基金为例,首期实际募资规模达459亿元,成为集聚资金的"大湖泊"。2011年以前,在中国文化产业投资中,外资占到60%以上的份额,分别投向了分众、盛大、完美世界、新浪等公司;随着中国文化产业投资基金的兴起,目前外资投资比重降到了40%以下。目前我国文化产业股权投资基金实际完成募资金额大约为总募资规模的 30% ～40%。按照一般私募股权投资机构 2 ～3 年的投资周期计算，每年能够投到企业的资金为 150 亿 ～200 亿元。但文化产业投资基金在 2009 年、2010 年和 2011 年披露的投资案例数共有 52 个，总投资金额不超过 100 亿元，实际只投出 50% 左右，这意味着募集来的资金有一半没有得到有效利用。出现这一现象的主要原因，在于基金都偏好投资未来两三年能上市的成熟企业，这样基金可迅速退出，实现盈利。文化产业中，这类即将上市的企业就成为“稀缺资源”，各基金公司竞争激烈①。

中国文化产业投资基金由财政部、中银国际控股有限公司、中国国际电视总公司和深圳国际文化产业博览交易会有限公司共同发起，于 2011 年 7 月 6 日在京揭牌成立，2012 年 5 月 18 日在第八届中国（深圳）国际文化产业博览交易会上第一次隆重推出。目前，该基金首期募集 60 亿元，目标规模 200 亿元，其中财政部出资 5 亿元，在将来的运作过程中还将吸纳包括 VC/PE 在内的民间资本的加入。此外，该基金项目投资将封闭运行 10 年，前 5 年为投资期，后 5 年为退出期。

虽然成立时间不长，但此基金具备了五大核心竞争优势。第一，实力雄厚的出资人。基金的 4 个出资人颇具实力，财政部提供政策指引，中央电视台是国家重要的宣传单位，深圳文博会提供了文化企业交流交易的平台，中国银行及其附属机构则拥有丰富的资本市场和私募投资经验。第二，丰富的项目储备。出资人积累的行业经验、丰富的各类资源及战略合作伙伴的密切配合，可为基金带来丰富的项目储备。第三，专业且经验丰富的团队。基金人员均拥有多年传媒行业、投资银行或私募投资经验，曾参与行业内众多投融资项目。第四，市场化的激励机制。基金建立了业绩分成机制，高级管理层及团队都有充分的动力，以确保基金投资收益最大化。第五，专注于文化传媒投资的清晰定位。国家连续出台文化扶持政策，支持文化产业整合发展。基金专注于文化传媒业的投资，定位清晰、战略明确，有助于提升投资收益。

在国家文化政策的强力支持下，中国文化产业投资基金目标精准，强势出击。目前已投资两批优势项目，第一批有 7 个项目：新华网、中国出版传媒、北京中投视讯、上海骏梦网络、法宝网、万方数据、欢瑞世纪影视，囊括影视、新闻、出版、法律、数据信息业等。第二批签约的企业包括手机电视领域

① 文化产业基金的尴尬：有钱投不出（N）. 光明日报，2013 －03 －19.

的先锋企业视讯中国、领先的数字电视服务提供商浙江华数、知名互联网休闲娱乐平台厦门游家(4399)、新锐网络游戏公司骏梦网络及立足舞台剧制作的综合性文化娱乐公司开心麻花5家分属不同文化传媒子行业的优秀公司。其中既有发展较为稳定的传统媒体企业,又有代表产业未来发展方向的新媒体企业;既有大型国有传媒集团,又有新兴民营文化传媒公司,充分体现了基金对文化产业的精准分析和“植根传统媒体、进军新媒体、开拓文化衍生业”的投资理念。从中可以分析,基金投资范围主要圈定在3个领域:传统媒体、新媒体以及文化关联行业,大体的比重是40 %的资金投资于传统媒体, 30 %的资金投资于新媒体, 30 %的资金投资于关联产业。基金投资的标准主要是成长期和成熟期的企业,同时瞄准文化产业、新闻行业的龙头,兼顾一些比较早期的项目,部分参与已上市公司的定向增发。

第六章

苏州文化金融的实践和问题

苏州是历史文化名城，经济较为发达，文化底蕴深厚，金融业发展迅速。但无论在传统上还是从现实看，苏州都属于二线城市，相对于京沪穗深等一线城市，以及天津、武汉、重庆、南京、杭州等省会大城市而言，文化和金融产业的发展也都存在一定束缚。了解苏州文化金融发展的现状，分析苏州文化金融发展的总量和结构特征，能够为苏州市文化金融的政策制定、文化金融的产品和服务创新提供背景支持。

第一节　苏州文化金融发展概况

一、苏州文化产业发展现状

近年来，苏州市文化产业规模不断壮大，结构逐步优化，呈现出良好的发展态势。2011 年苏州市文化产业实现营业收入 2 050 亿元，文化产业增加值首次超过了 500 亿元，达到 533 亿元，比 2010 年增长 40%，在全市 GDP 中占比为 5.08%；全市分别有 6 个国家级、5 个省级和 28 个市级文化产业基地，形成了产业的集聚发展。

苏州文化产业从产品性质上大致可以分为传统文化产业和现代文化产业两大类。传统文化产业是苏州数百年来文化延续的成果，包括书画、手工艺品、曲艺等产业，其低碳、绿色、环保的特色非常鲜明，而且具有“名片”特征，传统文化产业的发展和苏州城市形象的建设能够相互促进。目前传统产业大致又分出了高端和低端两个方向，高端传统产业如玉雕、贵金属制品、书画作品等，多由成名匠人制作，产量较少，价值较高；低端传统产业如小型手工艺品、批量生产的丝绸刺绣制品等，目前在苏州城郊有大量作坊式的工厂生产，并有一定的产业密集度。

苏州的现代文化产业兴起于最近十几年，包括动漫、艺术设计、影视剧制作等产业,它将工业化生产和艺术创意相结合,虽然历史较短,但增长迅速,且在生产组织形式、投融资需求上,更具有现代产业的特征。2010 年苏州创意设计业、数字内容和动漫业、印刷复制业、文化旅游业、演艺娱乐业等五个行业实现增加值 122.9 亿元,在核心层中占比超过 50%,在全部文化产业中也占到近三分之一,成为苏州市文化产业的主导行业。

苏州市政府投入了大量财力发展文化产业,2012 年苏州市文化产业共确定 89 个重点项目,总投资 1 038 亿元,当年实际投资规模超百亿,比 2011 年增长 50% 以上。2012 年 4 月,苏州成功举办了首届中国 · 苏州文化创意设计产业博览会,该展会搭建了文化创意设计产业交流平台,提升了苏州在全国文化创意产业发展中的地位。

二、苏州文化金融发展现状

在文化产业金融支持问题上,苏州市起步较早,政策创新力度较大。2010 年国家九部委出台《关于金融支持文化产业振兴和发展繁荣的指导意见》后,根据苏州市实际,苏州市制定了《苏州金融支持文化产业发展的若干政策意见》《苏州市文化产业发展资金管理办法》《苏州市文化产业投资引导基金管理办法》等政策,并组织召开了"苏州市金融支持文化产业发展推进会",着手开展了一系列金融与文化产业的对接工作。在政府牵头下,各商业银行和其他金融机构也积极参与到文化、金融产业对接活动中来,重点文化企业、重点项目和园区(基地)、中小文化企业、文化消费、文化产品和服务"走出去"等将得到更多信贷支持。

苏州市在做好风险防范的前提下,大力创新和开发了适合苏州文化产业特点的融资产品和融资方式;加大政府资金投入,建立了由政府主导的文化产业发展专项扶持资金、文化产业担保基金和文化产业投资引导基金三方面组成的苏州市文化产业发展资金,力争经过 3 至 5 年努力,文化产业担保基金和文化产业投资引导基金规模达到 2 亿元和 10 亿元以上。苏州市文广新局、金融办、财政局等相关部门积极推动金融机构支持文化企业发展,采取构建政策体系、发挥财政资金杠杆作用、搭建融资平台等措施,在文化企业和金融机构间架起了桥梁。

中共十七届六中全会后,苏州市金融业对文化产业的关注热情进一步提高,文化金融专业化程度提高,竞争更趋激烈。目前,中国工商银行苏州分行在本市文化金融领域起步较早,与苏州市文广新局签署了《支持苏州市文化产业发展战略合作备忘录》,将给予 100 亿元的信贷额度,目前已有香山工坊等大规模项目开始运作。在市文广新局等相关部门的推动下，苏州市农业担保有限公司与中国工商银行、交通银行、浦发银行及宁波银行等四家银行的苏州分支机构，共同推出了“文贷通”担保贷款产品。民生银行等中小型银行具有中小企业专业金融的丰富经验，设立过各类专业金融支行，擅长提供个性化金融解决方案，在文化金融方面具有独特竞争力。中国银行苏州分行也响应总行号召，积极开展文化金融业务创新和调研，于2011年对著名的台北诚品书店苏州分店提供了5亿元的项目贷款，于2012年2月新推出了首款文化产业个人经营贷款产品“玉石经营户联保贷款”，并计划设立专门的文化金融支行，争取后来居上，实现文化金融业务的跨越发展。

第二节　苏州文化金融典型案例

苏州地区的许多银行已经开创性地开展了与文化相关的金融业务。本课题组通过分析苏州银行业文化金融的四个典型案例，来归纳苏州地区文化金融实践的经验与成效。

一、诚品书店苏州分店：大型现代文化产业金融案例

（一）诚品书店苏州分店概况

诚品书店为台湾地区大型连锁书店之一，创办人为吴清友，成立于1989年，第一家店坐落于台北市大安区敦化南路。诚品成立初期，以人文书店为主，逐渐发展成为以文化创意为核心之复合式经营模式。逐步建立起以零售渠道、日用品代理、不动产开发及商业物业经营多头发展的新锐生活体验平台。目前其在台湾地区经营诚品门店38家，面积超过20万平方米；2010年到店人次超过1亿、举办各类讲座4 500场、超过17万人次参加付费授课活动、VIP会员数突破53万人。经过多年经营，诚品书店已经成为台湾地区的文化景点。

根据《苏州市文化发展“十二五”规划（意见稿）》，苏州市将于2015年之前重点完成建设16个文化设施项目以及20个文化产业项目，预计总投入近800亿元，台湾诚品书店文化商业综合体就是这20个文化产业项目之一。诚品书店苏州分店是诚品书店在大陆设立的第一家旗舰店。该店由台湾地区著名建筑大师姚仁喜亲自操刀设计，在近五万平方米的空间里，不但有商场、诚品书店、美食餐厅和咖啡厅，还打造了画廊、多功能视听展演厅、

实验剧场、艺文空间等，未来诚品书店将引进各项文化活动，举办讲堂和戏剧演出。诚品书店建成后将成为一个包括书店、文艺沙龙、实验剧场、画家工作室、音乐空间、文化公寓的综合体。

苏州工业园区政府对诚品书店苏州分店项目采取了积极引进、全力扶持的态度。园区中行自苏州工业园区政府与台湾诚品签订合作协议起，就一直关注项目的进展，通过与诚品苏州公司筹备人员洽谈，了解到公司对于银行融资的需求，针对公司的实际情况量身定制金融服务方案，为公司项目建设提供了强有力的资金支持。

（二）诚品书店苏州分店项目的授信方案

诚品书店苏州分店建设项目用地面积约 26 902.93 平方米，总规模为 131 713.12 平方米，其中地上拟建建筑面积 86 089.13 平方米，功能为商业、酒店式公寓和公寓式办公楼；地下拟建建筑面积约 45 624.99 平方米，功能为地下商业及车库。用于文化产业及相关用途的面积为 43 585 平方米，占总面积的比例约为 33%。

项目总投资估算为 108 183 万元人民币，项目资金来源为公司的 5 亿注册资本及中国银行苏州分行的 5 亿项目贷款，资金缺口为 8 183 万元，依靠销售可售房源的销售回款来补充，销售回款占总投比例约 7.56%。

本次授信分两部分：① 中银香港瑞品股份有限公司的股权为质押物，向香港瑞品股份有限公司提供项目等值 1.4 亿人民币的美元三年期项目贷款融资，作为资本金汇入境内苏州工业园区旺和发展有限公司在中国银行苏州分行开立的资本金账户，该笔资金需要在中行监管下专款专用于苏州诚品项目的工程建设；② 中行苏州分行工业园区支行向借款人苏州工业园区旺和发展有限公司提供 5 亿总量的项目贷款，期限为三年，担保方式为苏园宗地 74075 号地块土地使用权和在建工程抵押，利率拟采用人行公布的一至三年期基准利率上浮 15%。该方案体现了中行境内外分行联动和跨境人民币业务两大创新优势，为诚品规避了境内贷款在政策上的限制，同时满足了公司全部的资金需求。

服务方案中除了传统的银行业务以外，还创造性地设计一些新型的合作模式。针对诚品书店的文化品牌，建议中国银行与诚品书店进行渠道和资源共享，将诚品书店纳入到中国银行网点设计中来，借助诚品强大的文化创意团队，针对中国银行各个网点的位置和区域特点，将诚品书店以不同的形式与中行的网点相融合，丰富当地文化形式，提高当地文化氛围，提升中国银行和诚品书店的企业形象与社会知名度，实现银企共赢。

（三）诚品书店苏州分店项目的风险控制

中行授信期间，诚品书店项目中的书店仍未开业，贷款还款来源完全依靠公寓和写字楼的销售。从这方面看，该项目风险与其他商业地产项目较为类似，控制手段也采用的是项目对应土地、房产抵押，以及对项目资金投入及销售款回笼进行全面监管等传统手段。

（四）诚品书店苏州分店项目的意义

诚品书店苏州分店以书店为核心，将产业链延伸至大型商场、美食餐厅、咖啡厅，画廊、多功能视听展演厅，以及演讲、演出等多个领域，这种多元化经营的模式为文化、休闲等多领域的跨界经营提供了成功的模版，实现了文化价值与经济价值的平衡，有利于分散风险、扩大收益、改善风险缓释条件，使得提供给该项目的贷款能获得较为可靠的回报。然而，诚品书店苏州分店项目的抵押品和还款现金流，都还停留在传统商业地产的基本模式，并无法为广泛的现代文化产业金融活动提供足够的经验。它的启示在于，大型文化项目的金融支持，需要对项目文化价值、商业价值的双重认可，在必要的时候，还需要一些政府或公共组织的支持。

二、姚建萍刺绣流动资金贷款：金融促进文化产业化发展的典型案例

“姚建萍刺绣项目”是中国银行苏州文化金融服务中心（以下简称“服务中心”）全面开展金融支持文化产业工作的开端，也是第一笔真正意义上的轻资产类文化贷款。服务中心从2012年3月初以来，在长达5个月的时间内，多次上门实地考察苏州姚建萍刺绣艺术有限公司，与公司实际控制人姚建萍、总经理王建等管理层反复沟通协商，最终成功完成了这笔500万元流动资金贷款。该案例是金融推动文化产品产业化发展的典型案例，最终带来了高水平的艺术品，实现了金融和文化的双赢。

（一）项目背景

姚建萍女士是苏州市著名刺绣艺术家，曾被评为中国刺绣工艺大师、国家级非物质文化传承人。苏州姚建萍刺绣艺术有限公司是依托姚建萍女士个人在刺绣行业领域中的地位和声望而建立起来的，集刺绣产品设计、生产和销售于一体的民营文化型中小企业。公司成立多年，运作良好，拥有管理人员以及职工85人左右，随着业务的不断发展，积累了一定的资金，此后，除了主营业务以外，鉴于刺绣技艺的传承考虑，出于对苏州传统文化的保护，也建立了专业的刺绣学校，培养后备人才。

2012年3月中旬,姚建萍接到了江苏省人大一项光荣而艰巨的任务,要其在短短的3个月时间内创作出长7.5米、宽3.4米,代表江苏乃至全国一流水平的苏绣艺术佳作,它将被陈列于国家最高权力机构人民大会堂人大常委会议事厅。经过专家组反复研究论证,确定了作品选题为《春早江南》。人民大会堂对于生产期限、工艺技术、作品原材料等方面要求极为严格,完成该作品需要聘请多名专家和大量技术高超的熟练技工,还要采购大量珍稀原材料用于作品设计和生产。排除时间因素,企业最大的压力还是来自于资金方面。这对于这家"轻资产"的文化型中小企业造成了极大的压力,前期也有多家银行陆续对企业进行了走访,最终都以现金流不明显和缺乏有效担保方式回绝了企业的融资申请。

(二)总体授信思路

服务中心在得知姚建萍刺绣公司的融资需求和难题后,多次上门走访、实地考察,反复探讨各类融资方案的可行性。通过与分行有关部门、资产评估公司、保险公司、第三方专业代保管机构持续协调论证,提出的授信总体思路为:采用订单融资,以采购合同未来产生的现金回流为第一还款来源,以存量艺术品质押追加法人个人理财收益权质押为担保方式,作为第二还款来源。

担保方式上采取的是苏州市场范围内的创新举措——艺术品质押贷款,即通过"绣品无形艺术价值评估,质押物委托符合银行托管条件的第三方机构代为保管,并由保险公司对押品承保"的方式,实现此类"轻资产"文化型企业信贷业务品种的首次尝试。具体操作流程为:质押艺术品价值委托总行准入的艺术品专业评估公司——东鹏资产进行评估,再由苏州产权交易所对质押艺术品变现可能性进行分析,并委托苏州博物馆进行押品托管,同时参照不动产抵押购买艺术品保险,缓释代保管过程中可能产生的押品损坏所带来的损失。

(三)关键流程节点

1. 寻找企业第一还款来源——订单融资

苏州姚建萍刺绣艺术有限公司并不是一家真正意义上具有现代企业制度的公司。它虽然注册了有限公司,但是为了避免缴纳工业增值税,企业以20个不同的个人名义成立了20个个体生产作坊,销售分别以20个作坊的名义开票,公司财务报表反映的销售额很小,纳税不多。基于这样的销售模式,银行不能较为准确地预估姚建萍刺绣艺术有限公司的整体销量,也无法判断企业的发展态势，而该公司的资金需求却达到了500万元人民币。

服务中心通过对现有授信产品的深入研究，确定采用供应链融资产品中的订单融资，以项目贷款的形式开展授信工作。由于《春早江南》这幅绣品客户（人民大会堂）的独特地位，同时企业能够出具真实可靠的购货合同，也有明确的账期，确保了第一还款来源的真实性与可靠性。

2. 有效的授信担保方式——艺术品质押+个人理财收益权质押

苏州姚建萍刺绣艺术有限公司是典型的“轻资产”文化型中小企业，缺少抵押物，甚至无法提供反抵押物以获得担保公司的担保。为此，服务中心邀请了苏州市的几家专业担保公司及创投、保险公司等非银行金融机构，联合苏州市文广新局，在担保、质押模式上进行了多种尝试：

（1）借鉴“科技贷”的4-4-2模式进行操作，即由政府补偿基金、保险公司或者担保公司以及银行按照4:4:2的模式分摊风险，但对于20%的敞口风险，目前无论是其他银行还是中行的授信政策都是不认可的，该种模式最终失败了。

（2）借鉴交通银行科技支行的做法，由借款人企业购买人保财险“贷款履约责任险”，由人保财险担保的模式进行，可是该款产品的费率极高，加重了企业负担，同时，对人保财险来说，该款产品仅仅是针对科技行业，目前并未对文化行业开放，这个方案最终也未能实现。

（3）服务中心在走访中发现，该公司拥有多幅价值极高、在天津文交所经过市场检验的艺术珍品，经协商，企业愿意将艺术品质押，但中小企业部依旧对授信风险控制存在疑问。随后，服务中心在与借款人企业充分沟通后，提出参照公司“财贷通”和个金“多宝格”两款产品的做法，追加苏州姚建萍刺绣艺术有限公司法人代表姚建萍个人理财产品（保本型）收益权作为质押，进一步缓释风险，这一方案最终获得分行中小企业部的认可。

3. 艺术品价值评估

艺术品质押模式成立的前提在于，需要处理好艺术品如何评估、价值如何认定、出现不良如何变现等问题。服务中心聘请中行总行认可的北京东鹏资产评估事务所对姚建萍抵押的艺术品价值进行了评估。服务中心还走访了苏州产权交易所，通过多次沟通了解，该中心可以提供一个至今在我国最有效率的艺术品交易平台，确保能够在企业出现不良后，及时提供变现服务。

4. 艺术品代保管长效机制

姚建萍的三幅质押艺术品由于体积较大、材质娇贵，所以无法存放在中行的保管箱或金库内。服务中心与苏州博物馆进行了多次上门拜访和沟通，苏州博物馆最终同意了服务中心的代保管请求，并拟定了代保管协议，由中行外聘律师以及法规部对协议进行多番审核，最终成功签订了三方代保管协议，并建立了与苏州博物馆的长效委托保管机制，为以后类似业务的叙做奠定了良好基础。

5. 艺术品保险

为避免由火灾、地震等原因造成抵押品损坏，进而给中行带来或有财产损失，服务中心还要设法为艺术品办理财产保险。最终服务中心与苏州人保财险(这是目前中国唯一一家具有艺术品承保经验，费用也在可接受范围内的保险公司)合作，完成了质押艺术品承保，并为后续业务叙做建立了长效合作机制。

(四) 姚建萍刺绣流动资金贷款的效果和意义

在获得中行流动资金支持后，姚建萍扩大了创作队伍，将原有的 36 人创作团队扩大至 50 余人。经过三个月的“针耕不辍”，苏绣巨作《春早江南》终于高质量按时完成。姚建萍团队工作人员亲自将作品送至人民大会堂人大常委会新会议厅，并进行了后期的安装工作。此时，来自社会各界的好评纷至沓来。全国人大常委会副委员长李建国评价说：“《春早江南》表现了祖国江南春天的美景，具有强烈的艺术感染力，艺术效果令人赞叹不已！”业内人士将此幅作品称之为中国刺绣工艺史的“里程碑之作”、“传世之作”。当然，中行苏州分行的流动资金贷款也得到了顺利偿还。

作为中行苏州分行的第一笔轻资产文化产业项目贷款，姚建萍刺绣项目最可贵的不是投放所带来的一笔收入，而是在项目各环节突破过程中的创新和经验。苏州文化金融服务中心将会进一步梳理苏州传统文化艺术行业不同领域内的领军人物，及其背后的文化企业，把姚建萍刺绣项目中提炼出的文化艺术品融资抵押模式，积极应用并推广到其他高档艺术品产业，实现传统文化艺术行业金融的有效突破。

对传统文化产业的金融支持，其意义不应停留在金融本身，传统文化产业，尤其是其中的高端产业，已和苏州的城市形象融合在了一起，成为了一张苏州的城市名片。对于传统工艺的关注和适当授信支持，不仅可以赢得政府更多的关注和支持，还能够提升金融机构的品牌形象，吸引文化界人士对金融机构的信任和支持,并通过其关系网,扩大客户基数,提高客户质量,实现高端营销。而且,通过艺术品抵押融资,艺术家能够获得资本的支持,扩大队伍,提高艺术精品的生产效率,金融也为文化事业的发展做出了贡献,创造了文化价值和社会价值,最终实现了金融和文化的双赢。因此,姚建萍刺绣项目的案例,可以说是文化产业金融理想化模式的体现。

三、苏州银楼授信:文化相关产品质押案例

苏州银楼授信项目是继中国银行苏州城中支行提出“打造文化产业支行,推动文化产业拓展业务”口号以后,结合轻资产业务授信和新产品创新在辖区内取得的一项重要突破。

(一) 项目背景

苏州银楼的前身为苏州九鼎珠宝有限公司,法人张炜忠从事黄金、珠宝的零售生意已将近20多年,可以说是这一行业中的“老江湖”了,积累了大量的人脉资源,无论是在苏州黄金玉石协会还是在观前商圈都有着较大的影响力,也一直是中国银行城中支行的个人中高端客户。经过多年的发展,九鼎珠宝规模逐渐扩大,公司董事长张炜忠利用成功取得“苏州银楼”这一著名商标的契机,准备将原有的规模扩大数倍。前期公司新经营场所需要的租金已经落实到位,但是却面临着开业期间店内要补充大量的黄金货源,但是资金却有部分缺口的问题。面对这一优质客户,各家银行纷纷上门拜访,寻求业务合作机会。但客户对于授信业务提出了两点要求:(1) 无法提供房产抵押以及不愿意引入专业担保公司担保;(2) 贷款利率要相对比较低。面对这两点要求,多家银行纷纷打起了退堂鼓。

(二) 总体授信思路

中国银行城中支行在得知苏州银楼的融资需求和要求之后,研究认为这是对于文化产业金融支持具有突破意义的一项金融创新业务。城中支行多次进行该项目的实地拜访与沟通协调,拿出多套方案进行讨论,通过与分行相关部门、资产评估公司、保险公司等多次沟通交流,提出了一套全新的解决方案:以个人艺术品质押在中国银行城中支行,由评估公司给出合理的权利价值,保险公司对存放在该行的质押物提供保险的形式来突破传统意义上的房产抵押;追加全体股东夫妇连带责任担保的形式来降低风险;通过创新产品,以黄金租赁的形式直接租给客户黄金来降低融资成本。

（三）项目实施中遇到的问题

1. 抵押物和担保方式的落实

客户从事黄金零售业多年，资金实力较强，但主要资金都分布于黄金、珠宝，购置的房产并不多，无法提供房产抵押。城中支行原本要求以店内现有的黄金作为质押，引入第三方监管机构监管来发放黄金租赁业务。但客户对此却提出了两点质疑：（1）黄金要存放在店内作为展示用；（2）第三方监管如何实施。这一下子阻碍了融资进程。后来城中支行又了解到，客户有收藏和田玉籽料的爱好，经过探讨，城中支行认为可以进行一次大胆的尝试，以艺术品质押来代替原有的房产抵押。

2. 玉石艺术品的价值认定

和田玉籽料是近期比较热门的收藏品，随着2012年来的投资热潮，价格也是水涨船高。但玉石品质参差不齐，价格也是相差甚远，而国内并无专业机构对于这种玉石的价值给出一个标准认定，大多是靠专家根据市场行情估算一个价格。然而，质押物的评估价值切实关系到银行此笔授信发放的风险。于是中国银行城中支行与总行进行了反复沟通，引入经验丰富的北京东鹏资产评估有限公司对此玉石进行价值评估。通过专家组的评估以及网上查阅资料，并配以玉石市场的实地走访了解，确定了此笔质押物的权利价值，能够覆盖此笔授信风险。

3. 质押物的保管

既然授信方案已经基本确定，那就面临着落实质押物的保管。通过借鉴中国银行苏州文化金融服务中心"姚建萍刺绣"的融资创新经验，分行提出质押物交由第三方机构苏州市博物馆进行保管。博物馆的保管相对较专业，但是收费也较高，客户对于如此高的保管费无法接受，事情再度陷入了僵局。面对困难，中国银行城中支行转换思路，开拓创新，进行大胆的业务突破，他们在深入实际、反复研究的基础上认为：和田玉质地本身坚硬，保管过程中对于细菌、温度、湿度的要求并不高，那就可以利用中国银行自身的条件存放在保险箱内保管。这样既满足了质押品的管理要求，也使保管费用大大降低。

4. 合同文本的使用

此前苏州分行从未有过保管箱保存质押物的案例，因此也无相对应的合同文本适用于银行将质押物存放保险箱自行保管的情况。于是中国银行城中支行积极与外聘律师取得联系，根据实际情况对原有的合同进行修改，添加相应的保管箱条例。后又和分行法律合规部就质押物保管过程中可能产生的风险,如何在操作过程中满足银行的利益不受损失,以及对出现不良后果后的清偿等问题也进行了探讨,最终制定出一套有效、合规的合同,从法律角度来保障银行的利益。

5. 艺术品保险

参照中国银行现有押品管理制度,一般情况下,多为房产(商铺或者住宅),均要求借款人购买财产保险,以抵御特殊原因给银行带来的或有财产损失,对于质押银行的艺术品,相对不动产更加容易发生损坏,给银行在押品管理过程中和不良出现后清偿回收带来损失。对此问题,中国银行城中支行首先与苏州人保财险有限公司进行接洽,终因该公司费率过高而未达成合作。后来通过与中银保险的沟通,合理地评估了此笔业务的风险,最终以较低的价格做成了这笔业务。这也是双方合作的一次突破,也为后续业务叙做建立了长效合作机制。

(四) 苏州银楼授信案例的意义

严格地说,苏州银楼案例中,银楼本身只是奢侈品商铺,作为抵押品的玉石籽料也只是贵重的石料,并非艺术加工的产物,该案例只能算是与"文化"有一定关系的一次授信活动。但它却能够较为切实地反映目前文化产业,尤其是传统文化产业金融供求的重要特征:既然"文化"已经"产业"化了,那么其最终产品的单体文化价值通常就不会太高,无法作为信贷抵押品,像姚建萍刺绣作品那样的高档艺术品只是个例;然而,在文化产品生产过程中,可能会出现一些价值较高的原材料,譬如玉石、红木等,这些材料在原材料市场上能够有相对公允的价格,同时便于盘点和保存,适合作为信贷抵押物。因此,苏州银楼授信过程中所积累的抵押品估值、保管、保险以及合同制定经验,能够为日后批量开展类似信贷活动(如中行推出的针对个体玉石工艺品经营者的"玉石经营户联保贷款")提供参考。这也从另外一方面说明,文化金融业务的开展,不能单纯针对阳春白雪的"文化",而应该做得更"接地气"一点,基于现实条件,在抵押品认定、管理、合同设计等方面实现点滴的进步,把文化金融的业务范围先做大,并等待配套政策、制度和外部金融环境的改革,最终朝着"促进文化"的方向发展。

四、苏州银行大师贷:免担保个人贷款案例

2012 年 6 月,苏州银行在全国金融业内创新推出"大师贷",面向省市级以上工艺美术大师、非物质文化遗产传承人等提供免担保贷款,给工艺大师们的创作、生产、经营带来巨大的益处。“大师贷”为传统工艺大师量身定制，额度挂钩大师等级与工艺类别，用途与工艺美术行业需求相匹配，凭大师个人信用发放贷款，是苏州银行推动传统文化艺术产业化、规模化和金融化的具体实践。

（一）授信澄泥石雕大师蔡云娣

澄泥石雕大师蔡云娣拥有“苏州市新石器时代古建营造工程有限公司”、“苏州市康艺石材饰品有限公司”、“苏州市吴中区木渎蔡云娣石雕艺术工艺厂”三个规模生产基地，拥有“苏州金阊区山塘街石艺斋”、“苏州工业园区蔡云娣江南三雕艺术馆”等零售商店、展览馆。据了解，苏州市康艺石材饰品有限公司2010年主营业务收入420万元，净利润46.26万元，2011年主营业务收入603万元，净利润71.92万元。不管是主营业务收入还是净利润都呈现增长的态势。而于2011年8月注册成立的苏州市新石器时代古建营造工程有限公司，注册资本100万元。2011年主营业务收入35.12万元，2012年以来累计实现收入38.73万元，利润5.22万元。目前承建的项目是西山太湖之星工程以及中茵皇冠的古建项目。蔡云娣表示，公司经营状况良好但突破不大。由于苏州政府为保护环境，已经禁止开采澄泥石，不少从事石雕工业的人都面临无石可刻的窘境，行业人数从十多年前的3 000多人减少到现在的300多人。蔡云娣现在所用的材料多是从广东、山东等地购买，但囤积材料需要大量资金。自苏州银行推出大师贷后，为蔡云娣扩大生产规模、保证资金正常周转提供了很大的帮助。由于蔡云娣是国际工艺美术大师、江苏省工艺美术大师，所以苏州银行经过调研最终给了他1 000万元的授信额度，且随取随用。

（二）授信吴中区非物质文化遗产传承人马洪伟

马洪伟从1992年开始学习玉石雕刻，凭着认真的学习态度和严谨的工作作风学得了一手精湛的雕刻技术，玉雕作品多次获得江苏省、苏州市工艺美术协会金奖、银奖，现为江苏省、苏州市工艺美术协会会员，苏州民间工艺家、工艺美术师，吴中区非物质文化遗产代表性传承人。1992年马洪伟在光福工艺文化城设立苏州高新区宏宇工艺品厂，2011年设立光福玉韵春秋玉雕工作室。为拓展市场，2008年金融危机后，他开始创作转型，专做青铜器玉雕，由于作品精雕细刻，受到市场的极大认可。然而，随着业务的拓展，加上一些固定资产的投入，马洪伟的资金链一直处于比较紧张的状态。由于近年来经济情况不太乐观，他的产品销售也受到了较大的影响。但一些玉石原料的价格也开始出现下跌,若趁此时机大量购买玉石材料,待经济形势好转以后,市场空间将会大大拓展。苏州银行推出的大师贷解决了马洪伟的资金难题,他以非物质文化遗产传承人的身份获得500万元的授信,并立即拿出其中的150万现金购买了一批玉石原料。由于现在资金宽裕,马洪伟可以安心创作,贡献更多精致的青铜玉雕作品。

五、苏州现有文化产业金融典型案例的评述

和第三章所列举国内典型案例相比,本章所述的四个苏州本地文化产业金融的典型案例,有两个更多的是依靠其他方面的资质来获得金融支持的:诚品书店苏州分店的项目贷款,其抵押品、还款现金流都具有商业地产贷款的属性;苏州金店贷款的本质,是一笔带有贵重抵押品的个人贷款,主要是依托在"贵重"而不是"艺术"上;而姚建萍刺绣项目的贷款和苏州银行的"大师贷",可以算是充分意义上的文化产业金融。

需要看到,真正"文化"特征浓厚,而又适合金融支持的项目,本来就只占了所有项目中的少数,且时间、地域分布并不均衡,苏州这样的二线城市并不具备大量发展此类项目的优势。而在未来可预见的较长时间内,那些与"文化"有一定关系,同时金融资质较好的项目,才会是文化金融的主要对象。因此上述的四个案例,更能够反映未来苏州文化金融发展的基调,并提供良好的经验借鉴:

第一,文化金融项目仍然是金融项目,应当有其风险—收益的考量,尤其对于银行信贷业务来说,确保资金安全是首要的。大型文化金融项目必须要有可靠的抵押品和还款来源,不能因为和"文化"有关就盲目放贷;鉴于文化产业具有一定公益性,可以考虑请求政府部门牵线、组织和扶持。

第二,应当考虑文化金融的"文化"意义,与重点文化企业、艺术家合作,定向发展一部分具有突出文化价值和社会价值的项目,从而既实现了金融机构的利益,又对社会做出贡献,提升了金融机构的形象。

第三,文化产业金融不能拘泥于狭义的"文化",而需要因地制宜,基于本地文化产业的发展水平,推出"文化"要求适当、经济上可行的多元化金融产品。

第三节　苏州文化金融发展中的金融错配

在苏州文化产业寻求金融支持的过程中,最常见的有两种问题:第一种是很多文化产业经营者希望获得资金,却没有足够的资质,无法通过金融机构的审核;第二种是部分文化产业经营者资质良好,或愿意付出合理代价,却无法在金融机构那里找到想要的金融产品。这都导致了苏州地区较为充足的金融资源无法传递给文化产业。而出现这两种问题的关键,就是目前文化产业金融供给方的产品特征和需求方的资质存在差距,本报告在此将其归纳为"金融错配"。

一、文化金融需求方资质不足

文化金融需求方的资质,就是需求方所能承担的融资成本,以及现金流分布、抵押品、担保等融资安全性的保证。目前苏州地区文化金融需求方最主要的资质缺陷,是融资安全性得不到保证。

(一) 传统文化产业的资质缺陷

从还款现金流来看,苏州传统文化产业的经营主体多为个人或小企业,缺乏产业化领军人物,行业产业化进程缓慢,部分高端产业的经营者自我认知不足,思想上还没有从"手艺人"向"生意人"转变,产品数量和质量受经营者个人精力、状态、声望变动等因素的影响,不够稳定,而低端产业则面临江苏、浙江一带小企业的竞争,并没有显著优势。这都使得传统文化产业的现金流分布不够稳定,无法确保定期还款。

从企业特征看,苏州传统文化产业的企业多数呈"轻资产"特征,只需租赁厂房、雇佣工人、购买简单设备即可生产,无法提供足够的抵押物,也难以找到信誉良好的担保(某些细分行业的经营者普遍信誉较好,可以组织联保),银行无法确保授信风险得到有效控制。

从行业特征看,传统文化产业的产品和无形资产的专用性、专业性均较高,即便企业可以用产品和无形资产作为抵押,金融机构这样的"外行人"也无法透明了解抵押品的价值,甚至抵押品的所有权、可保存性和可交易性都存在疑问,这使得银行在对抵押物估价时不得不倾向于保守,低估抵押品价值,从而提高贷款利率、减少贷款数量。

此外,从授信技术上看,传统文化产业的企业个体规模普遍偏小,资金需求量与银行通常所面对的企业有较大差异,银行日常积累的资金需求评估技术适用性不足,专门为这些小规模企业开发评估技术,又存在经济上不合算的问题,这都使得银行在传统文化产业信贷方面,没有走出一条带有普遍性的道路。

(二) 现代文化产业的资质缺陷

与传统文化产业相比,苏州地区的现代文化产业产业化程度较高,但同样存在"轻资产"、产品和设备专业性高、现金流不稳定的问题,除此之外,现代文化产业的融资资质还有一些额外的缺陷。

现代文化产业的发展历史较短,而内容又不断更新换代,很多产业的生命周期都不长,未经过时间考验:有一部分产业的商业模式和"文化"价值可能过于超前,但在未来会彰显出来;但也有一部分产业只是设法安上了"文化"的外壳,讲了一个创业的故事,就希望获得低成本的资金支持;还有一些产业虽然已经较为成熟,但存在一些政策上的风险(如文化传媒、影视剧制作等)。这种良莠不齐的现象也是新兴产业融资时所普遍出现的问题。

与此同时,现代文化产业的发展从一开始就具有现代产业特征,所需资金规模相比传统文化产业更高,这也是金融机构给予金融支持时的重要阻碍。

二、文化金融供给方产品单调

理论上说,无论金融需求者的资质怎样低,都可以通过合理的定价和产品设计来获得资金,因此,文化金融需求方所谓的资质不足,也是文化金融供给方产品线单调的一个反映。

如果根据金融学基本理论,将各种融资方式按资金规模—期限—风险状况分类,则可以列出如表 6-1 所示的矩阵。从表 6-1 中可以看到,需要金融机构支持的情况,包括短期小规模资金需求,以及所有大规模资金需求。而在实践中,公司票据只有极少数大公司才能发行,所以要满足各类融资需求,就要有低利率贷款(银行贷款)、高利率贷款(信托贷款、小额贷款公司等)、长期债券、股权等四类金融产品。

表 6-1 按资金规模—期限—风险分类的融资方式矩阵

	短期(典型:运营资金垫支)		长期(典型:规模扩张)	
	低风险	高风险	低风险	高风险
小规模(典型:小手工业)	商业信用、亲友借款、贷款(低利率)	内源融资、贷款(高利率)	亲友借款	内源融资、亲友入股
大规模(典型:现代企业)	公司票据、贷款(低利率)	贷款(高利率)	贷款(高利率)、长期债券	股权

说明:表中出现的是各类情况下较为优先考虑的融资方式。图中阴影部分为苏州地区文化产业可能获得的融资方式。

然而,在苏州本地,向文化产业提供金融支持的机构仍然较为有限,主要参与者只有银行,产品比较单调。除了少数带有商业地产性质的项目可以在较高利率下获得中期贷款外，大多数文化产业至多只能就其低风险经营的业务，获得一些银行的短期周转贷款，而无法在高风险、长期限业务上获得信托贷款或小额贷款，更无法发行长期债券或进行股权交易，这大大地限制了文化产业的长期发展，尤其是现代文化产业的发展壮大[①]。这种产品种类单调的情况，一方面是由于银行分业经营，只能从事信贷活动造成的，另一方面也和“文化金融”这个方向的投融资活动认同度较低，金融机构参与积极性不高有关。参照科技金融活动的经验和发展历程，在文化金融活动持续发展，取得一定阶段性成果的前提下，金融产品的丰富性是可以预期的。

第四节　苏州文化金融发展中的政策错配

苏州市各级政府、部门积极推动文化金融的发展，但仍然出现了僧多粥少、资金利用不充分、政策设计和实施效果不符等问题。本报告认为，出现这些问题的根本原因，在于政策设计和实施过程中，“政府”和“市场”的相对关系出现了错位和越界，在此将其归纳为“政策错配”。

一、政府和市场的相对优势和边界

要对现有政策的得当与否进行评价，首先需要厘清“政府”和“市场”之间的相对优势和边界。本节中所说的“政府”是广义上的概念，不但包括狭义的行政机构，还包括金融机构和市场之外，可以由行政机构调动或利用的各种社会资源，譬如研究机构、智库等，这一界定与我国政府目前实际的行政力基本吻合。根据经济学的基本理论，“政府”最基本的职责是向社会提供公共品，在这方面政府有市场所不能替代的作用，而文化事业作为公共品的一部分，用公共资金对其扶持，既是政府的职责，又是政府的相对优势所在。

然而，文化产业和一般的文化事业有所不同，在商业化运作合理的情况

① 需要指出的是，目前文化产业金融产品单调的情况已引起文化和金融部门的注意，如2012年3月31日，就在苏州召开了文化企业债券融资座谈会，来自国家开发银行、中国工商银行等金融机构的代表以及江苏、上海、北京、深圳等地文化厅（局）文化产业部门负责人，全国近三十家文化企业负责人参加了本次座谈会。国家开发银行、中国工商银行、北京银行的代表们通过文化企业债券融资的具体案例，介绍了本行业务创新举措及文化企业在债券融资过程中的注意事项。各界代表深入研讨了文化企业与金融市场如何畅通对接，如何选择适当的融资方式促进企业经营发展。

下，文化产业的产品价格能够弥补其边际成本，其公共品特征变得不再明显，此时的“政府”决策相对于“市场”而言也就没有了明显优势，“政府”也就退出了对这一部分产业的资金支持，这正是一些文化产业发达国家的现实状况。

就我国目前情况看，很多“文化”事业都处于“前产业”的状态，其孕育和发展尚有赖于政府的扶持，此时的政府仍然应对其投入的显性、隐性支持负责，对文化产业的发展施以适当的影响。政府在“文化”的评估和认定上，相对于市场和金融机构更具有优势，更能够判断一个项目是否具有文化价值和社会价值，是否应给予公共资金支持；但在商业价值和“金融”的判断上，金融机构和市场更具有优势，即针对特定产业、企业的现金流、资产状况，市场对是否给予金融支持、给予多少、怎样的金融支持的决策，会更加客观合理。

因此，在文化产业金融的近期发展中，“政府”的边界应当划在“文化”上，其主要职责是评估文化价值；而“市场”的边界应当划在“金融”上，评估产业的市场价值。而在“文化”和“金融”交界上，由政府提供的，促进文化金融杠杆化的那些资金，则也应在肯定项目文化价值的前提下，交由金融机构灵活使用，政府无需进行后续的干预。而从长远来看，文化产业的“去扶持化”、“去政策化”应当是大势所趋。

二、苏州文化金融政策的经济含义

苏州市各部门在党的十七大精神和中央九部委《关于金融支持文化产业振兴和发展繁荣的指导意见》指引下，陆续推出了大量促进文化金融活动的政策，在前文已有阐述。在这里将这些政策按照经济含义做一个简单的分类：

第一类政策包括《苏州市文化产业发展资金管理办法》《苏州市文化产业投资引导基金管理办法》等，这些政策或用来对文化金融项目进行信用增级，或用来为社会创投资金提供引导，其实质就是将一部分原来用于全额支持文化事业的资金杠杆化，“撬动”和吸引数倍、数十倍的社会资金，以商业化、市场化的方式支持文化产业，不妨称作市场导向型政策。

第二类政策包括组织召开“苏州市金融支持文化产业发展推进会”、“苏州市文化与金融产业对接会”，与商业银行签署合作备忘录，牵头各种文化企业、项目和金融机构合作，参与部分金融产品、项目的管理和审核等。这些政策、举措的实质，是市政府各职能部门主动出击，以行政资源推动金融机构支持文化企业发展，不妨称作政府导向型政策。

三、苏州文化金融发展的政策错配

苏州现有的文化金融政策中，市场导向型政策明确划分了“政府”和“市场”的边界，在理论上富有效率，在实践上也取得了一定成效，如“文贷通”这样的典型产品支持了许多小型文化企业的发展。但在政府导向型政策的运作过程中，却出现了一些政府、市场的越界和缺位，而这种政策错配的结果，一方面是某些应该得到资金的项目得不到资金支持，另一方面则是某些不应享受文化金融政策的项目却获得了资金。

（一）苏州文化金融政策的政府越界和缺位

苏州文化金融政策实施过程中的政府越界主要体现为对文化金融支持资金使用的过度管理；而政府缺位则体现为对文化金融项目“文化”价值评估不足。

本课题组曾在调查和访谈中发现，诸如“文贷通”这样的文化金融产品，在金融机构同意放贷的情况下，仍需要文化管理部门的严格批准，而文化管理部门不批准放贷的原因，并不是项目缺乏文化价值，而是担心该项目难以还贷。这样的做法并不合理，因为用于文化金融的担保、引导资金，就是把原先专门支持文化事业的开支，通过金融的方式将其杠杆化了而已，只要运用在有文化价值的活动上，即便有一定比例的失败和损失，也应当视作必要的费用，而且这种风险会由金融部门来评估并共同承担。如果政府过于害怕资金损失，进而越俎代庖，在不擅长的领域代替金融部门决策，就会使一些应当得到资金的项目得不到资金，降低文化金融活动的效率。

另一方面，在全国文化金融蓬勃发展的氛围中，苏州市各有关部门积极组织了各类对接会，鼓励金融机构为文化产业提供资金支持。但是，值得文化金融支持的对象并不是随意就能找到的，如果政府还没有对项目文化价值进行细致的评估，就匆忙推动文化金融，甚至具体组织对接、扶持的对象，就会使一些不具有文化价值或者金融价值，但却积极响应文化金融的企业获得过多的资源，同样会降低文化金融活动的效率。

（二）苏州文化金融政策中的市场越界

苏州文化金融政策实施过程中的市场越界，反映为企业和金融机构对文化金融政策的过度追求。

目前，苏州市财政出资为文化金融提供了一部分担保和引导资金，所以文化金融活动的收益和风险就出现了不对称：如果信贷出现了违约，文化金融担保资金将会承担一部分损失;而如果信贷顺利偿还,则银行无需向担保资金支付额外费用。从而与一般项目相比,银行更愿意给“文化”项目放贷,而带有“文化”主题的企业也更容易获得贷款。

在这种情况下,政府投入的、杠杆化的文化支持资金就成为了“唐僧肉”,企业意识到,如果将自己包装成“文化项目”,申请到文化金融资金的支持,就能占用超过其资信水平的金融资源。在调查中,我们发现,部分并不具备“文化”特征的项目,如商业地产、低端手工业、纯粹代工的动漫业等,都被包装成了“文化”项目,意图获得文化金融的支持资金。

另一方面,在金融机构内部,一些部门观察到了文化金融的政策导向,刻意逐政策而动,专门发展“文化金融”,这种做法本身的确能够提高金融机构办理文化金融业务的专业水准,但如果将此作为争取机构内的政策和资源倾斜的手段,过度强调“文化”,就同样会导致项目的包装化和文化金融政策的滥用。

对文化金融政策的过度追求,会使部分能迅速包装成“文化”产业的项目获得过量的资金,挤占真正需要扶持项目的金融资源,并在未来造成类似于目前光伏业的困境(中国光伏业依靠“科技”、“环保”等元素,获得了大量主题金融支持,出现了产能过剩)。

(三)政府缺位和市场越界的关系

从根源上说,所谓的市场越界是政府缺位的必然结果。市场上风险和收益的不对称,是政府扶持文化产业的代价,但只要将文化认定准确,则付出这些代价就是应当的。而如果政府在上级政策、政绩的驱动下,匆忙推动容易出效果的“金融”,放弃了文化价值评估这块阵地,就势必引发市场逐利力量的逼近和越界。

因此,要解决政府越界、缺位和市场越界这些政策错配问题,关键在于为政府划定行为的边界,使之不偏不倚地履行提供资金、评估文化的职责。

对策篇

本篇内容包括第七章至第九章。本篇首先对金融创新的内容和理论做详细的阐述，结合文化产业的特点研究设计了直接面向终端产业的文化金融支持对策和方案，其目的是协调文化产业与金融产业之间的关系，消除资源上的“金融错配”。具体措施是提出了五个方面的金融创新，即金融体制创新、金融业务创新、金融组织架构创新、金融产品创新和金融服务创新。然后我们对文化金融所需的金融生态环境建设展开了深入研究，其目的是消除文化金融资源的“政策错配”。其核心内容包括：破解外部政策障碍和行业、部门间信息传导障碍；完善文化金融公共服务，探索适合文化产业特点的知识产权公共评估与交易体系；建立现有相关机构（交易所和行业协会等）的协调机制；评估文化产业资金支持的效率，并高度重视资金杠杆化操作。最后本篇将根据文化金融自身的特点从金融机构自身和政府与监管部门两个不同层面对文化产业金融支持的风险及其防范做了深层次的探讨。

第七章

文化产业金融支持的对策与方案设计

文化产业金融支持的核心是要从根本上解决文化产业金融支持不足问题,以确保以适当的成本,为文化产业发展提供充足的资金量,并确保这些资金在文化产业内部的合理有效配置。基于前文第三章和第四章对文化产业的特点分析和文化金融的特殊性的认识,金融对文化产业的支持需要针对文化产业的特点与需求进行金融创新。

第一节　金融创新概述

一、文化产业金融支持中的主要障碍

许多金融机构已开始逐步摸索专门为文化企业开展信贷服务的新途径，但实际的信贷支持力度与文化产业发展的现实需求相比仍存在一定的差距。主要障碍如下：

（一）银企信息不对称

由于银行和企业双方所掌握的信息不完全相同，企业作为拥有更多信息的一方，在缔约过程中将处于有利位置。出于机会主义的动机，贷款企业可能利用这种信息优势损害银行利益，从而为自身谋求额外利益。文化企业作为新兴产业，银行往往对其缺乏系统性研究。银行在贷款前，可能会面临贷款文化企业隐瞒重要信息这一情况，银行缺乏了解贷款申请企业风险状况的充分信息，如果银行在基础利率上增添“风险补偿费”，风险较大的借款企业可能愿意接受贷款，风险较低的借款企业往往放弃借款申请，致使逆向选择产生。出于上述原因，商业银行在对文化企业开展信贷业务时，一般将采取谨慎原则。

（二）习惯的信贷配给制度

信贷配给是指贷款人基于信贷风险与利润的考察，不完全依靠利率机

制，往往还附加各种贷款条件，通过配给的方式来进行信贷交易。经济学家斯蒂格利茨和韦兹（Stiglitz & Weiss）指出，由于信贷市场上借款人在项目的风险收益水平及资金实际使用方面掌握着比银行更多的信息，如果贷款利率上升，则将促使信贷资产风险增加和配置效率恶化，因此，银行应采用非价格手段，即信贷配给来配给资金，以实现银行利润最大化。目前，我国的银行信贷市场实行的是实质上的信贷配给制，在实施存、贷利率国家严格管理的同时，信贷主体开始追求自己效益的最大化。一些其技术和效益处于领先地位，发展步入成熟期的企业在信贷融资过程中会得到银行优先考虑和扶持；而像文化产业领域的一些企业，由于多数仍处于发展的起步阶段，发展前景不明朗，从银行获得信贷融资仍然存在很大难度。

（三）文化企业的市场价值难以准确评估

根据中国人民银行制定的《贷款通则》要求及降低商业银行自身风险的需要，商业银行在对企业开展贷款业务时，往往需要用企业的有形资产或金融资产进行抵押。许多文化企业，特别是处于起步阶段的中小型文化企业，由于其自身资产规模较小，且可用于抵押的有形资产更加有限，这对文化企业的信贷融资造成了很大的障碍。与此同时，文化企业所拥有的大量文化创意和知识产权等无形资产，则面临市场价值难以准确评估的难题。这些因素使得文化企业的市场价值评估难度加大，尽管少数银行对于文化企业的无形资产抵押开始了初步探索，但大多数银行仍然缺乏权威的方法和体系，对文化企业惜贷也是无奈之举。

此外，商业银行还存在缺乏对文化产业的系统规划、与文化企业合作方式单一等问题，大多数商业银行没有针对文化产业信贷进行系统思考和统筹规划。同样，保险公司、创业投资基金等金融机构对文化产业也缺乏足够的了解。

二、金融创新的主要理论

要真正推进文化产业的金融支持，必须依靠金融创新。著名经济学家熊彼特在 1912 年出版的名作《经济发展理论》中最早提出了创新概念。他把经济发展看作创新性的组合，包括采用新产品、新工艺方法，开辟新市场，利用并控制新供应渠道以及实现产业上的新组织方式。他认为创新是一个社会过程，而不仅仅是技术和经济现象，其主要推动力是企业家和企业。创新活动的成败主要依赖于企业所在的环境。对创新过程的认识有两种：一是认为创新是科学技术重大发现和发明推动的结果，如科技革命浪潮导致产业革命的出现以及技术革命的长波等。二是创新是市场需求拉动的结果,认为市场成长和市场潜力是技术发明活动速度和方向的决定性因素。

而金融创新指的是金融当局和金融机构为适应经济环境和融资过程的变化,防止或转移经营风险和降低成本,为了更好地实现流动性、安全性和盈利性目标而逐步改变金融中介功能,创造和组合一种新的高效率的资金营运方式或营运体系的过程。

具体而言,金融创新有以下几种理论:

1. 技术推进理论

这一理论的主要代表人物是韩农(T. H. Hanuon)和麦道威(J . M. McDowell)。该理论认为新技术的出现及其在金融方面的应用,是促成金融创新的主要成因,特别是电脑和电信设备的新发明在金融业的应用,是金融创新的重大因素。

2. 制度改革理论

主要代表人物是戴维(L. E. Davis)、塞拉(R. Scylla)和诺斯(D. North)。该理论认为作为经济制度的一个组成部分,金融创新应该是一种与经济制度互为影响、互为因果的制度改革。基于这种观点,金融体系的任何因制度改革而引起的变动都可以视为金融创新。

3. 约束诱导型理论

这一理论的代表人物是西尔伯(W. L. Siber)。该理论认为金融业回避或摆脱其内部和外部的制约是金融创新的根本原因。金融机构之所以发明种种新的金融工具、交易方式、服务种类和管理方法,其目的在于摆脱或逃避面临的种种内部和外部制约。

4. 货币促成理论

这一理论的主要代表人物是米尔顿·弗里德曼(Miton Friedman)。该理论认为,金融创新的出现,主要是货币方面因素的变化所引致。20 世纪 70 年代的通货膨胀和汇率、利率反复无常的波动,是金融创新的重要成因,金融创新是作为抵制通货膨胀和利率汇率波动的产物而出现的。

5. 财富增长理论

这一理论的主要代表人物是格林勃姆(S. I. Greenbum)和海沃德(C. F. Hay Wood)。该理论认为,科技的进步会引起财富的增加。随着财富的增加,人们要求避免风险的愿望增加,从而促进金融业发展,金融资产日益增加,金融创新便产生了。

6. 规避管制理论

这一理论的主要代表人物是凯恩(E. J. Kane)。该理论认为,金融制度主要是由于金融机构为了获取利润而回避政府管制所产生的。各种形式的政府管制与控制,性质上等于隐含税收,阻碍了金融机构获得盈利的机会。

因此,金融机构会通过制度来规避政府管制。当金融创新危及金融稳定与货币政策时,金融当局会加强管制,新的管制又会导致新的创新,二者不断交替,形成一个相互推动的进程。

7. 交易成本理论

这一理论的主要代表人物是希克斯(J. R. Hicks)和尼汉(J. Niehons)。该理论认为降低交易成本是金融创新的首要动机。交易成本的高低决定了金融业务和金融工具创新是否具有实际价值,而金融创新就是对科技进步导致的交易成本降低的反映,他们把金融创新的成因归于交易成本的下降。

三、金融创新的内容

我国学者普遍认为金融创新是一种创新的金融工具和金融服务,是要素的重新组合或者创造性革新所形成的一种新的金融产物,并且使之运用在金融活动中发挥特定作用的一种商业行为。金融创新有三种主要原因:一是降低有形交易成本,防范融资风险;二是回避现行金融法规及管制,降低影子成本;三是金融当局推行金融改革,放松金融管制。

金融创新从内容上看,有广义和狭义之分。广义的金融创新是从要素层面创新去定义的,分为金融制度创新、金融产品创新和金融市场创新。狭义层面则是指特定功能属性的创新或者重新组合,包括信用创新型、风险转移创新型、增加利润创新型及股权创新型等。

具体而言,金融创新既包括产品与工具创新,也包括制度与体制创新。由于金融创新的最终需求者是市场主体,只有基于市场主体的创新模式才具有生命力,所以,金融产品与工具的创新应由市场提供,而制度与体制创新应由政府部门基于市场需求出发来完成。在我国间接融资比重过高,风险过度集中于银行业的情况下,金融产品创新一方面应注重银行风险的防范,另一方面应注重直接融资方面的创新。政府则以制度与体制创新为重心,同时还应完善有关法律法规和会计审计、税收等制度,为金融创新提供良好的环境。

第二节 金融体制创新

一、文化金融决策流程设计

极度精确的金融领域和具有不确定性特征的文化产业要实现对接，需要智慧和魄力，也需要合理的流程设计以保障其顺利运行。要实现这种对接，应以文化产业的融资需求为根本出发点，要有文化产业相关政策的推动，要有文化主管部门的引导，要有各类金融机构积极参与创新与探索，以及文化要素市场的强力支撑，这样才能形成有效的文化金融融资体系。具体来说，可以根据文化企业的不同融资需求特点，形成不同层次的文化金融决策流程。

由于文化产业涵盖面较广，从融资需求的不同特点出发，本课题研究将文化产业又细分为高科技文化企业、中小文化企业、重大文化项目（基地）、重点文化企业。针对苏州文化产业的发展现状，可如表7-1进行分类。

表7-1 不同文化企业的融资需求特点

	具体文化企业	融资需求特点
初创期的高科技文化企业	数字媒体传播业、动漫游戏制造业、网络服务提供商	融资需求较大，融资期限较长，缺乏明确的盈利模式，没有重资产，未来现金流收入难以预期
成长期、成熟期的中小文化企业	传统工艺美术业	融资需求具有不确定性，融资需求量较小，普遍具有轻资产，缺乏稳定现金流收入
重点文化企业	出版业、传媒业	融资需求确定，具有较大融资需求量，兼有重资产和轻资产，具备产业链及明确的盈利模式
文化基地	文化创意产业园、文化地产	融资需求量大、周期长，有重资产与较明确的未来现金流收入

苏州市文化发展规划提出要形成以骨干企业为主导，以竞争力强的中小企业为配套的文化产业体系。苏州“十二五”规划提出，为打响“文化苏州”品牌，构建文化产业体系，发展一批文化优势产业门类，形成一批文化骨干龙头企业，塑造一批知名文化品牌，建设一批高水平的文化产业园区和产业基地，力促文化产业与相关产业联动发展。可见，苏州既要发展具有传统优势的中小文化企业，也要培育和发展新兴文化产业。为适应文化产业的运营方式、盈利模式、金融需求等方面的特殊性，银行业等金融机构要积极

探索,加快创新金融服务模式,推动文化产业加快整合与升级。苏州不同文化企业的融资需求应有不同的文化金融决策流程。

(1) 初创期的高科技文化企业。基于其"轻资产、高风险"的特性,适合以创业投资公司为主来提供融资,创业投资公司有较为科学的对高科技风险企业投资的评估体系以及抗御投资风险的能力,文化产业投资基金对文化企业的发展及价值评估更是具有专业识别能力。此时,商业银行可以和创业投资公司建立战略合作协议,关注高科技文化企业的成长,当其进入稳定的成长期后可提供银行贷款融资。如果有保险公司提供文化企业贷款信用保险业务,银行也可考虑贷款融资,特别将政府予以推荐的重点扶持发展的文化科技企业作为贷款的重点。

(2) 成长期、成熟期的中小文化企业。基于这类企业的融资需求特点,可由政府部门、商业银行、担保公司合作予以融资。例如,苏州市文广新局等相关部门大力推动的"文贷通"项目就是政府文化主管部门帮助解决文化企业融资担保难的问题而搭建的合作平台,是苏州市农业担保公司、工行等4家银行共同推出的担保贷款产品。担保对象为苏州市区内符合市政府支持文化产业政策的文化企业和项目,由文广新局出具推荐材料,便可向担保公司提出贷款担保申请。发生担保贷款损失时,给予适当补贴。这分担了商业银行的贷款风险,增强了其对文化企业和项目提供贷款的信心。利用这个平台,文化企业与担保公司、银行建立联系、真诚合作,按照"优势互补、合作双赢、共同发展"的原则,解决文化企业担保难问题。对于难以获得政府推荐认可的文化中小企业合理的贷款需求,商业银行可以创新的信贷产品予以解决。

(3) 重点文化企业。基于这类企业的融资需求特点,主要可考虑股权融资、债券融资及推动重点骨干企业上市融资。

(4) 文化基地。基于其融资需求特点,可考虑银行贷款,或银行贷款与直接融资相结合。

可见,文化金融的一般流程最终可总结为:文化企业—价值及风险评估—保险公司、风险补偿基金、担保公司—银行信贷或其他融资—文化产品这样一个操作流程,在实践中要求每个环节、每个部门之间衔接有序,真正发挥金融支持文化产业发展的作用。

二、国有银行与地方银行的差异化经营

在《国务院关于印发文化产业振兴规划的通知》出台后,各省市政府部门相继出台了加快文化产业振兴的政策,2010年中国人民银行会同中宣

部、财政部、文化部、广电总局、新闻出版总署、银监会、证监会和保监会九部委联合发布《关于金融支持文化产业振兴和发展繁荣的指导意见》，各商业银行纷纷行动起来，展开了文化金融的各项行动。例如，国家开发银行确定“十二五”期间将向文化产业提供逾2 000亿元融资支持。截至2011年11月底，国开行文化产业贷款余额突破千亿元大关，达到1 182亿元，居金融同业首位，有效推动了文化产业的改革振兴与发展，成为支持文化产业发展的主力银行。与此同时，各家商业银行也大力开展金融创新，加快了与文化产业的对接。中国工商银行与文化部签署了《关于贯彻落实支持文化产业发展战略合作协议》，2011年和2012年两年工行文化产业贷款复合增长率达31%，是全行信贷平均增速的2倍，增量和余额均保持同业领先，支持了一批重大文化项目、文化产业园区和基地建设以及骨干文化企业发展。截至2011年9月末，农行投放于文化及相关产业的贷款余额已达472亿元。农行37家一级分行基本与当地文化厅(局)建立了合作关系，其中有15家分行与当地文化主管部门签订了全面合作协议、意向性授信协议或为其提供了金融服务方案。截至2011年8月末，中行对文化产业的贷款余额已达到250亿元。建行则推出了包括“文化悦民”在内的“民本通达”综合金融服务，累计为文化和民生领域投放贷款余额达2 200多亿元。

目前我国银行业市场结构中一个突出的问题就是国有大银行与地方中小银行的业务结构、收入结构、发展模式存在同质化的现象，差异性不大。同质化经营导致我国银行业市场处于低水平竞争状态，既不利于银行效率的提高，也不利于银行市场结构的稳定。在加强金融推动文化产业发展的大方向下，国有大银行和地方商业银行在发展文化金融项目方面也应差异化发展，避免在同一区域市场中的同质化竞争。

国有大银行可凭借自身资金实力雄厚，重点支持融资需求量大的文化创意园、文化基地等项目和出版业、传媒业等重点文化企业。针对影视、出版、报业、印刷等行业兼并重组和技术升级的需要提供并购贷款，针对设备进口、设备租赁、技术改造和基础设施建设等开展进口开证、供应链融资、固定资产贷款、融资租赁贷款等融资服务。支持向影视、出版、演艺等领域具有较强产品研发、生产、服务和出口能力的服务商提供订单融资。商业银行对符合本市《文化产业投资指导目录》导向、列入国家或市文化发展规划的文化产业项目、列入国家或市重大文艺创作项目的重点项目优先给予信贷支持。商业银行通过联合贷款、银团贷款等方式对融资规模较大的项目提供金融支持。加强对国家级、市级文化产业园区的金融服务，为文化产业基础设施建设、技术研发、制作中心等公共服务平台建设和入驻的文化企业提供信贷支持。

国有商业银行和全国股份制商业银行可借鉴科技银行、小企业信贷中心等金融服务专营机构建设的经验，尝试建设“文化银行”，以提供特色产品和服务，进一步向下延伸服务网点，切实做到单独统计和调控，完善评审机制，使专营机构充分发挥作用。

像江苏银行、苏州银行以及县市级农村商业银行等地方商业银行要准确把握“立足地方、服务中小”的市场定位，把支持地方经济发展，支持文化中小企业、私人企业以及个体工商户作为工作重点，努力打造自身“服务中小企业”品牌。充分发挥地方商业银行的地缘优势，挖掘企业信用信息和建立稳固的客户关系，重点发展中小文化企业贷款、小微企业贷款和文化消费贷款。建立稳定的信贷员队伍，以适应中小企业特点为标准，探索提供延伸服务，较好满足中小企业的特殊金融服务。

三、金融混业经营创新

在全球金融混业经营的趋势下，我国金融的分业经营模式抑制了商业银行的发展壮大。首先，国际资本市场迅速扩大，银行业竞争日趋激烈，商业银行传统存贷款业务优势逐渐丧失，依靠传统业务利润增长不断萎缩，迫使商业银行不断寻找新的发展途径。其次，分业经营限制了商业银行拓展业务的范围，使商业银行无法满足客户不断变化的金融服务需求。

随着国内、国际经济变化的需要和提高竞争力的需要，我国在对待金融业分业和混业经营的政策方面发生了转变。2003 年银行业立法的有关方面也有所修改，这些修改都为进行混业经营的试点留出了适当的空间。中国银行、交通银行已经被特许试点“混业经营”。以中国银行为例，中国银行通过中银国际控股集团经营投资银行业务，中银国际通过其在中国内地、中国香港、美国、英国及新加坡设立的分支机构为国内外客户提供包括上市融资、收购兼并、财务顾问、证券销售、投资研究、定息收益、衍生产品、结构产品、资产管理、直接投资、杠杆及结构融资、私人财富管理等在内的广泛的投资银行产品和服务。中银集团下还有保险公司、中银基金、中银投资等公司。商业银行顺利进入了投资银行业务领域，同时也成为资本市场的重要参加者。

在文化金融发展过程中，文化融资需求的多样化要求商业银行必须以客户需求为导向开发金融产品和服务，在商业银行的投行业务范围内商业银行可以作为企业直接融资业务的发行承销商，如短期融资券、中期票据、企业债发行，为文化企业提供现金管理、资产管理、财务顾问、战略规划、并购等金融服务，帮助文化企业债券市场筹资或助其上市成长。商业银行还需要适应文化企业融资需求创新金融产品，商业银行在运用传统银行信贷产品提供文化企业的金融支持外，可以尝试将直接融资与间接融资产品相结合，例如实施投贷联动，商业银行联合创业投资基金、私募股权基金、信托公司、基金公司等机构，向文化企业提供股权、债权相结合的融资产品。

四、实施差异化监管并提高新兴产业风险容忍度

许多文化企业属于新兴产业，如动漫、创意、数字出版等，这类文化金融有其特殊的风险性，其风险的成因更加广泛，涉及社会文化、意识形态、法律规制等方方面面。如果监管体系没有差异化，金融机构走特色经营之路，就会在监管上受到制约，金融机构的文化金融创新和差异化战略会引发监管层对风险控制的担心与关注。解决这样的问题，商业银行就必须与监管部门形成互动，及时沟通，在业务创新和经营模式上取得监管部门的理解和支持。同时，监管部门也要关注银行对文化金融特色经营的监管需求，帮助商业银行有所侧重地发展客户，争取被其他银行忽略或者尚未涉足的领域。

目前，银监会已经开始着手制订《小企业金融服务差异化监管指引》，按照《指引》的政策思路，银监会将针对银行小企业信贷服务实施“尽职免责、适当放宽风险容忍度”等差异化信贷监管政策。特色服务的文化银行的考核和监管可借鉴此监管思路。参照银监会2011年发布的《关于支持商业银行进一步改进小企业金融服务的通知》，对于风险成本计量到位、资本与拨备充足、小企业金融服务良好的商业银行，经监管部门认定，相关监管指标可做差异化考核。具体包括：对于运用内部评级法计算资本充足率的商业银行，允许其将单户500万元（含）以下的小企业贷款视同零售贷款处理；对于未使用内部评级法计算资本充足率的商业银行，对于单户500万元（含）以下的小企业贷款在满足一定标准的前提下，可视为零售贷款，具体的风险权重按照《商业银行资本充足率管理办法》执行。在计算存贷比时，对于商业银行发行金融债所对应的单户500万元（含）以下的小企业贷款，可不纳入存贷比考核范围。根据商业银行小企业贷款的风险、成本和核销等具体情况，对小企业不良贷款比率实行差异化考核，适当提高小企业不良贷款比率容忍度。

五、投资主体多元化，增强文化金融资源的供给能力

文化产业是快速发展的行业，未来发展空间巨大，对资金的需求量呈上升趋势。即使消除目前的投资障碍,使现有投资主体的投资能力充分释放,其供给量也是无法满足巨大需求的。增加供给能力,不仅要提高现有供给主体的供给能力,而且还要增加投资主体数量,使投资主体多元化,这是构建文化产业与金融业良性循环的客观需要。文化产业发展依赖原创者,依赖业界内的企业发展,保护他们的利益,是这个产业发展的内在要求。而投资者的利益同样需要保护,否则就不会有人进入文化产业领域投资。如何平衡文化企业和投资者的利益,是文化产业发展面临的重要问题。过度依赖内部资金,文化企业利益可以得到保护,但是明显的问题是资金量不足;过度依赖外部资金,资金量会增加,但是文化企业利益可能得不到保证,例如项目内容上受到投资者干预,合理收益不足等。投资主体多元化,可以缓解这个两难问题。

为了能使更多有投资能力的各类主体成为文化产业投资者,根本在于解决市场准入问题,同时要提高对投资者的服务水平。解决市场准入问题就是要进一步消除或放宽对文化产业投资的限制,赋予原来不具备文化产业投资资格的投资主体以投资资格,为其进入文化产业领域、成为文化产业投资者打开大门。解决市场准入问题最重要的政策,就是要贯彻落实国务院《关于非公有资本进入文化产业的若干规定》,该放开的领域要切实放开,要落实具体的措施,保证投资者的顺畅进入。解决了市场准入问题,并不能自动保证投资主体的进入,还需要从投资者的角度出发,为投资者提供尽可能全面、周到和便利的服务,努力做到信息透明化、程序规范化、手续简便化和退出自由化。在这方面,除了制定和定期发布文化产业投资指导目录外,还要加强文化产业政策宣传。特别是要加强文化产业统计工作,定期提供翔实的文化产业统计数据,并大力培育文化产业咨询、研究和人才培训等中介机构。

另外,要创新文化监管手段,要研究市场经济条件下文化内容监管的特点和规律,提高市场经济条件下内容监管的能力和水平,以通过监管而不是控制进入保证文化产业意识形态功能的实现,为进一步放宽市场准入提供基础、条件和可能。

第三节　金融业务创新

各金融机构对文化企业设置有别于工商企业的信用评级模块,制定文化金融实施指引,鼓励文化金融业务创新,为文化企业提供个性化金融产品。商业银行要量身定做适应文化产业特点的信贷政策，将文化产业作为朝阳产业列入业务重点支持方向，在担保条件、定价机制等方面予以全新设计。

一、传统重资产业务和新兴轻资产业务协调

文化金融目前是各家商业银行业务发展的重点，商业银行在推进文化金融创新的同时，针对文化产业重资产项目及轻资产项目兼有的特色，在开展文化金融创新的同时要和传统业务相结合，注重文化金融增量增长的同时，不能放弃存量，积极积累文化金融经验。

商业银行所选择的文化地产项目应具有鲜明的文化特色和明确的市场定位，能够通过文化基地建设的方式将文化理念通过一个度身定制的实体向市场做全面集中的展示，以达到宣扬理念、培育市场、引导挖掘文化消费需求的目的。在房地产业宏观调控的背景下，有着重资产的文化地产的未来也存在很大的不确定性，同时，文化地产的出售和出租具有特定对象，市场培育需要一定时间，风险控制不可忽视。文化地产项目的风险控制手段仍坚持采用项目对应土地、房产抵押，以及对项目资金投入及销售款回笼进行全面监管等传统手段。鼓励文化地产项目多元化经营，文化、休闲等多领域的跨界经营有利于实现文化价值与经济价值的平衡，有利于分散风险、扩大收益、改善风险缓释条件。

文化创意产业园的建设在苏州也非常盛行，吴中区的“中国工艺美术城”就是典型的模式。文化创意产业园适用于政府着力推动的以传统工艺美术为核心，将相关的技艺人员集中在特定区域，通过建立“研、学、产、展、销、服”全价值链管理模式，创建文化创意产业集聚区的项目。这类文化金融项目也可叙做项目贷款，采用项目资产抵押等方式控制风险。对其中的商户融资可采用专业担保公司担保、多户联保、政府补偿基金补助等多项风险缓释方法。文化创意产业园中商户的融资需求，可尝试商铺租赁权质押贷款，详情请见后文金融产品创新部分。

商业银行针对轻资产的文化企业，可弱化对财务指标的考核，转变以机器设备、厂房等有形资产为抵押品的传统担保思路，积极试办知识产权、专利权、商标权、电影制作权、著作权、版权等无形资产抵押贷款、企业联保互保贷款等，并合理确定贷款期限，为文化企业尤其是中小文化企业融资扩大抵（质）押范围，丰富融资品种，解决文化产业普遍缺失抵（质）押物的问题。

针对资产规模小，尤其是租赁经营的民营文化企业，可以研究开发针对法定代表人的信贷品种，以法定代表人作为承贷主体，贷款用于企业经营，并由其承担还本付息的责任，以更好地解决部分企业贷款担保难的问题；对一些资金需求小、频次多的中小型文化企业，可实行“一次核贷、周转使用”，以缩短企业融资所需时间，提高金融机构的服务效率。例如，苏州银行在文化金融创新中推出了一系列新举措，在业内首创“文化创意企业选择权贷款”，面向省市级以上工艺美术大师、非遗传承人等，推出了免担保的“大师贷”等文化金融项目。按照以前的银行手续办理贷款，可能需要提供抵押，还要办很多手续，而“大师贷”可以做到随借随还，建立一个总的授信额度，大师们可以根据需要，随时在苏州银行贷到资金。

二、加强与其他金融机构的合作

商业银行还应积极探索与非银行金融机构合作，尝试开发与债券、基金、保险、信托等多种金融工具相融合的金融产品，做好文化企业从初创期到成熟期不同发展阶段的融资方式对接，其间重要的是商业银行与其他金融机构积极开展合作。

（一）与保险公司的合作，推动文化保险产品和服务方式创新

在文化产业相对发达的国家，投资文化产业项目往往是保险先行，许多保险公司有针对各项演出、影视制作、展览、艺术品等文化产业项目的配套险种。但我国与文化产业相关的保险业务却一直种类不多、总量不大，业务亟须拓展。同时，在中国文化产业领域，中小企业的比例达到90%以上，且往往存在缺乏资金支持、竞争过于激烈、风险规避能力弱、可抵押资产少、贷款融资难度大、产品创意风险大等问题。

在现有工作基础上，各保险机构应根据文化企业的特点，积极开发适合文化企业需要的保险产品，并按照收益覆盖风险的原则合理确定保险费率。对于宣传文化部门重点扶持的文化企业和文化产业项目，应建立承保和理赔的便捷通道，对于信誉好、风险低的，可适当降低费率。加快培育和完善文化产业保险市场，提高保险在文化产业中的覆盖面和渗透度，分散文化产业的项目运营风险。进一步加强和完善针对文化出口企业的保险服务，对于符合《文化产品和服务出口指导目录》条件，特别是列入《国家文化出口重点企业目录》和《国家文化出口重点项目目录》的文化出口企业和项目，保险机构应积极提供出口信用保险服务，鼓励和促进文化企业积极参与国际竞争。

创新保险产品，发挥保险公司机构投资者的作用和保险资金的融资功能，在风险可控前提下，鼓励保险公司投资文化企业的债权和股权，引导符

合条件的保险公司参与文化产业投资基金。积极开发适合文化企业需要的保险产品，探索开展知识产权侵权险，演艺、会展、动漫、游戏及各类出版物的印刷、复制、发行和广播影视产品完工险、损失险、团体意外伤害保险等适合文化企业特点和需要的新型险种及各种保险业务。

2011年1月10日，由文化部与保监会共同推动的“保险支持文化产业试点工作”正式启动，中国人保财险公司成为第一批文化产业保险试点公司，开展演艺活动财产保险、演艺活动取消保险、演艺人员意外和健康保险等首批11个险种的业务，并在相关分支机构推出了相关保险产品。作为大力发展文化产业的重要组成部分，苏州已着手探索建立保险业支持文化产业发展机制，苏州人保财险作为总公司重要的“文化产业保险试点基地”，把握机遇，针对苏州文化产业保险市场及企业需求，创新开发了演艺行业、工艺美术、动漫行业、综合类四大系列文化产业保险专属产品，文化活动公共安全综合责任保险、艺术品综合保险、展览会综合责任保险、文化企业贷款保证保险等文化保险专属产品也陆续推向市场。

苏州士奥动画是国内顶尖的3D电脑动画制作公司之一。2012年士奥动画提出了“完美商业模式”的转型计划，但高投入、高风险使这家动漫企业遇到融资难问题。在没有资产抵押的情况下，人保财险提供了一款专项险种，受理企业纯信用的贷款保险投保。通过投保这一险种，士奥动画以版权等无形资产质押，获得了交通银行提供的1 000万元中小企业贷款融资支持。目前，苏州人保财险还在积极探讨设立苏州文化企业融资专项风险补偿基金的可行性，为文化企业的经营活动分散风险，用于补偿金融机构在文化企业贷款上的部分坏账损失，确保文化企业持续稳定又好又快地发展。

（二）加强与信托公司的合作，拓宽文化金融融资渠道

可发行支持文化基地项目融资的信托理财产品，银行代为发售这种理财产品，扩大投资文化产业。根据国际成功经验，运用知识产权进行融资的方式和模式很多，既可进行间接融资也可直接融资，可通过信托公司的业务运作使知识产权这种无形资产流动化。以知识产权或未来收益权进行信托，再由信托公司从投资者处筹集到所需资金。也可以考虑借鉴日本经验，成立专门的文化产业信托公司（或银行），或者探索文化企业知识产权资产证券化的可行方案，以及以SPC方式融资的可能性和可行性。通过修改和完善信托制度，扩大信托范围，充分发挥信托公司在文化产业融资中的作用。

（三）发展面向文化产业的融资租赁公司和融资性担保公司，鼓励他们加大对中小文化企业的融资支持

进一步发挥现有文化产业担保公司作用，引导和鼓励国资、民资、外资等各类资本参与文化产业领域的融资担保服务。支持符合条件的融资性担保公司和再担保公司按照《财政部、工业和信息化部关于印发〈中小企业信用担保资金管理暂行办法〉的通知》[财企(2010)72号]的有关规定申请中小企业信用担保资金资助，使各类担保公司更好地为推动中小文化企业发展服务。

三、做好文化金融的企业品牌建设和营销

品牌是现代银行的一项“虚拟资产”，品牌策略是21世纪最有前途的商业模式。品牌既为消费者提供了有关产品的综合信息，又传递着鲜明的个性特点，并指向明确的目标顾客，使消费者很容易从众多产品中识别出来。随着金融产品和金融服务同质性的日益显著、价格手段运用空间的逐步缩小，商业银行必须在明确市场定位的基础上，加强塑造企业品牌的个性特征，努力赢得差异化竞争优势。品牌也是最有力、最持久的营销竞争法宝，可以进一步维持客户与银行的良好合作关系。一旦消费者形成了品牌忠诚，不仅意味着更多的消费，而且意味着该金融品牌产品具有了一定的垄断权力，市场份额将进一步扩大。

目前我国各家银行提供的金融产品性质相差不多，在品牌形象宣传方面往往相互“借鉴”，导致消费者对各品牌形象的差异感知不足，选择金融服务时具有非常大的随机性和易变性。随着我国商业银行战略转型的全面推进，其在品牌营销管理过程中应逐步注入文化元素，逐渐赋予品牌内涵更多的人文关怀和社会责任。开展文化金融的商业银行要抓住这一有利时机，积极汲取文化产业的内涵，以社会效益和经济效益并重，树立文化金融品牌形象，提升银行企业形象。

例如，文化金融的先行者——北京银行的“创意贷”文化创意系列产品，就是北京银行专为支持文化创意企业及文化创意集聚区建设而量身定制的特色金融组合产品，旨在满足不同行业文化创意企业的各项融资需求。其品牌影响力对北京银行的业务拓展已凸显，“创意贷”的品牌营销已在文化创意产业领域有一定的影响力。又如中国民生银行的联保互保产品“商贷通”，对于我国小微企业来说已经是人人皆知，具有极高的知名度。

商业银行应该时刻坚持以市场为导向、以客户为中心，进行科学的市场细分，及时捕捉客户所在的不同行业、地区，不同职业和消费偏好，划分不同的目

标客户群，实施不同的客户关系管理，提供差异化服务，实现品牌定位的差异化。在文化金融的品牌建设中要注意传导的核心价值要明确，要有利于提升客户的认知度和有较强的情感渗透力，能够在很大程度上主导客户的选择，从而使客户与金融品牌形成长久、稳固的关系。在品牌设计和营销中要和其他银行品牌产品有明显的差异化，只有差异化才能使自身的品牌脱颖而出。

第四节　金融组织架构创新

一、文化银行的设计与运营

金融支持文化产业发展的政策措施当中，专门性机构的设置十分重要，因为文化产业的专业性以及风险性让很多综合性的金融服务机构很难提供专门性的金融服务产品。而我国现有的政策性银行体系之中，无论是哪一家政策性银行都不能全面地为文化产业提供专业性的金融产品与服务。因此，我国目前商业银行可在文化金融的实践中，在积累经验并形成一定规模后，将现有开展文化项目的支行发展成为一家文化特色支行，通过建立专业化团队，包括前台营销人员、后台专职评审人员等，全面提升文化产业的专业化服务水平。“文化产业特色银行”的建立或为文化产业与金融资本对接打开全新的商业空间。文化银行应重点支持符合国家文化产业政策、有利于扩大就业、有偿还意愿和偿还能力、具有商业可持续性的文化企业的融资需求。

参照银监会2008年发布的《小企业金融服务专营机构的指导意见》，各银行设立专营的文化支行。文化银行运营中可尝试：(1) 建立独立的风险定价机制。要充分利用各种渠道获得文化企业信息，特别是现场实地核查和搜集非财务信息，按照收益覆盖成本和风险的原则，引入专业化定价技术，通过综合测算，在现行利率政策允许范围内实施差别化定价。(2) 文化银行可建立独立的成本利润核算机制，要根据业务规模和收益，建立以内部转移定价为基础的独立成本利润核算机制，制定专项指标，合理安排各项经营成本，单独核算经营利润。(3) 文化银行建立独立高效的信贷审批机制，要在保证贷款质量、控制贷款风险的前提下合理设置审批权限，探索多种审批方式，可对部分授信环节进行合并或同步进行，以优化操作流程，提高审批效率。(4) 文化银行应建立独立的激励约束机制，对小企业金融服务的业绩考核要独立于其他银行业务，制定专门的业绩考核和奖惩机制，加大资源配置力度，注重经营绩效和风险管理相结合，探索多种激励约束方式。

(5) 文化银行应建立专业化的文化企业金融服务人才队伍，要把事业心、专业知识、经验和潜力作为选拔人员的主要标准，通过文化专题培训，推行岗位资格认定和持证上岗制度，提升小企业金融服务人员的业务营销能力和风险控制能力。(6) 文化银行应建立违约信息通报机制。应通过授信后监测手段，及时将小企业违约信息及其关联企业信息录入本行信息管理系统或在内部进行通报；定期向银监会及其派出机构报告；通过银行业协会向银行业金融机构通报，对恶意逃废银行债务的小企业予以联合制裁或公开披露。(7) 文化银行应建立独立有效的风险管理机制，采取与文化企业性质、规模相适应的风险管理技术，对授信调查、授信审批、贷款发放、风险分类、风险预警、不良资产处置等各个环节的风险进行管控。文化银行应根据文化企业的特点和实际业务情况设立合理的风险容忍度。同时，建立授信尽职免责制度，在考核整体质量及综合回报的基础上，根据实际情况和有关规定追究或免除有关当事人的相应责任，做到尽职者免责，失职者问责。文化银行应建立单独的文化企业贷款风险分类和损失拨备制度，制定专项的不良贷款处置政策，建立合理的快速核销机制，在国家政策允许范围内简化不良贷款核销流程，以降低不良贷款率，提高业务人员开展文化企业金融服务的积极性。

文化银行在落实以上七项机制（利率的风险定价机制、独立核算机制、高效的贷款审批机制、激励约束机制、专业化的人员培训机制、违约信息通报机制、独立有效的风险管理机制）外，还应按照四单原则（专营机构单列信贷计划、单独配置人力和财务资源、单独客户认定与信贷评审、单独会计核算），进一步加大对文化企业业务条线的管理建设及资源配置力度，满足符合条件的文化企业的贷款需求，努力实现文化企业信贷投放增速不低于全部贷款平均增速。

二、文化金融专业团队的组织建设

文化金融的可持续发展中专业化团队的组织建设是核心任务。由于文化行业的特殊性，不仅要求银行信贷人员认识文化行业的特征、融资需求特点，还要求其对国家文化产业政策、知识产权法、本地文化产业发展概况、本地文化产业发展规划、文化艺术品的价值评估及交易等要有一定掌握，并在实践中积累经验，成为文化金融专员。当然，文化金融专业团队还需要资深的文化专家作为顾问，如艺术家、工艺美术大师、非物质文化继承人、文化行业协会专业负责人，以其精湛的艺术技能、深厚的艺术鉴赏力等为文化金融项目的选择及质押品的估值等提供宝贵的专业意见。

第五节　金融产品创新

文化产业是以知识产权的创造、开发、运用和活用为基本特征的产业。文化产业的这一特征,决定了文化企业的资产特征、金融需求和融资能力与传统的工业企业完全不同。因此,要提高文化产业金融服务水平,客观上要求金融机构必须不断提高创新能力,以能够根据文化企业的实际开发金融技术,创新金融产品。

一、担保方式及信贷产品创新

文化产业外部投资者不愿意投资文化产业的一个重要原因,就是文化企业通常都没有充足的实物资产作为抵押,一旦投资失败就将蒙受投资无法收回的巨大损失。构建文化产业融资担保制度,就是要通过担保公司为融资的文化企业提供融资担保的方式,弥补文化企业实物资产抵押不足的缺陷,为投资者提供一定的投资安全保障,以降低投资者的投资风险,增强文化产业的投资吸引力。

文化产业融资担保方式包括担保和再担保两种。构建文化产业融资担保制度,同样需要政府的鼓励、支持和引导。政府应综合运用财政和税收等多种手段,鼓励和支持担保公司和再担保公司开展文化产业融资担保和再担保业务,鼓励和支持社会各类机构成立文化产业融资担保和再担保公司,鼓励和支持文化企业积极与担保公司合作,鼓励商业银行与实施文化产业担保的担保公司积极合作。

突破传统抵质押品的束缚,商业银行可采取应收账款质押、知识产权质押、联贷联保等多元担保方式,解决担保难问题。本课题介绍涉及面较广的文化中小企业贷款产品创新及适宜于文化企业的知识产权质押贷款。

(一) 文化类中小企业信贷产品创新

中小企业受到自身特点以及外界环境的限制,造成了短时间内不可能有效解决中小企业抵押担保的问题。同样,文化类中小企业难以提供合适的抵押担保,而银行又以稳健经营作为其主要任务,文化类中小企业的融资需求难以满足。因此商业银行通过进行金融创新,在控制风险和成本的基础之上,降低文化类中小企业抵押担保门槛成为缓解文化类中小企业融资瓶颈的主要方式。

1998 年以来,随着中小企业的快速发展,从国务院到地方的各级政府制定颁布了一系列促进中小企业发展的制度和政策建议，随之从中国人民银行到各级商业银行的金融机构也相继推出了关于促进中小企业融资的一系列措施。政府制度和政策的出台改善了中小企业的融资环境，促使商业银行加大了为中小企业提供全方位金融服务的力度。特别是通过跟一些优质的小企业的合作，也提高了商业银行的经营业绩，使商业银行开始改变对中小企业长期以来的歧视态度，不断推出加强与中小企业合作的措施，开始针对中小企业需求调整自己的经营结构。国有商业银行以及股份制银行积极推进针对中小企业的金融创新，根据中小企业资金需求的特点，设计推出新的金融服务产品和方案。表 7-2 为文化类中小企业的融资产品创新可借鉴的中小企业融资产品。

表 7-2　中小企业融资方式创新品种简介

中小企业融资方式创新品种		融资方式简介
外部资产担保融资创新	供应链担保融资方案	银行从企业整个供应链的角度出发，进行联合授信，并将其视为一个整体，为供应链中的企业提供产品和服务的一种融资模式
	联保联贷业务	多家企业联合起来互相担保，并按照一定比例缴纳保证金，银行通过联合体向所有参与的企业提供贷款
	保单融资	商业银行和保险公司的合作产品，企业（卖方）向保险公司投买方的短期商业信用险，银行根据保单给予融资的业务
内部资产担保融资创新	应收款质押贷款	对企业质量较高的应收账款视为合格质押物品，提供贷款，或者允许企业贴现优质购货方的商业承兑汇票
	保理业务	银行按照买断企业赊销的应收账款债权，给付货款，再向购货方催款
	存货融资	将企业的存货视为合格担保物品，创新之处在于扩充存货的认可范围以及创新信贷流程
金融租赁		将租赁物的所有权与使用权相分离，集信贷、交易、租赁于一体，是一种具有多种特征的创新融资方式，缓解了中小企业购进固定资产时资金不足的问题
无担保授信融资		银行对其筛选的资信好的中小企业给予无抵押免担保贷款

资料来源：王嫁婕. 金融创新对我国小企业融资的影响研究[D]. 浙江大学硕士学位论文，2012.

基于上表分析可以看到，融资方式的创新使担保的范围在不断扩大，从内部资产扩展到了外部资产，再到无担保纯信用担保，融资方式的创新使中小企业获取贷款的门槛大大降低。下面我们对几种主要的中小企业融资产品创新做介绍。

1. 供应链融资

供应链融资是从企业所在的整个产业链角度出发，将产业链上的相关企业看成一个整体展开综合授信，是能够利用产业链中企业之间的业务关系以及行业特点，灵活地制定金融产品和服务创新的一种融资方式。通过对中小企业经营过程的调查，可以发现产业链中的小企业与其他企业之间发生赊销、产品库存、预付款等业务占用了大量资金，产生了一部分资金缺口。因此，如果能够利用产业链中企业之间的业务往来提供贷款，能够缓解中小企业的资金缺口问题。结合中小企业所在产业的经营周期特点和业务方式，主要的创新模式包括：应收账融资模式、预付款保兑融资模式以及基于存货的融通仓融资模式等。在这些模式中，一旦有核心大企业参与进来，例如小企业向大企业赊销，形成与大企业之间的债权关系，便可充分利用债权申请银行贷款，能够增加贷款的可获得性以及减少商业银行的风险。产业供应链的融资模式创新，能帮助中小企业满足商业银行的贷款标准，并且充分利用了核心大企业的资信实力，降低了银行风险。

2. 联保联贷业务模式

联保联贷业务，是小企业联合起来申请贷款的一种创新方式，是指由多个从事相同或相关产业的小企业，也可以是处于生产经营上下游的小企业自愿联合起来，组成担保联合体，并出资设立联保基金，使联合体成员在基金总额范围内获得申请贷款的担保。与之相应的是当某一成员向银行申请贷款时，担保联合体的成员也以自己的出资金额比例为限承担该贷款申请人的一种连带责任。银行联保贷款共同体可以由政府部门组织牵线联合同行业或者相关产业上下游的中小企业形成，政府在引导的同时也应出资参与其中，提高联保共同体的信用水平，从而吸引更多的企业参与；也可以利用行业协会的权威和号召力，联合小企业形成。该种模式对于成员企业的信用水平要求较高且具有一定的信用标准。联保贷款业务的形成，商业银行应在其中扮演更为重要的角色，商业银行为了降低风险水平会有动力去了解各成员小企业的经营状况和财务负债水平等，对于指导小企业的合理联合、消除信息不对称等都具有较为重要的作用。商业银行还可以根据联合担保体的特点进行相应的金融创新，推出有针对性的金融创新产品和服务，在风险可控的范围内提供合理的授信水平。

3. 组合授信模式

组合授信模式是商业银行针对中小企业进行的一种授信业务创新，这种模式在为中小企业提供贷款之前需将授信范围严格加以区分，并且对于授信额度的控制程度也较为严格。组合授信可以包括的方式有：强担保物品授信、商业信用支持授信、可控担保类物品授信以及其他担保类授信四项。强担保类授信，对于担保物的质量和数量要求比较高，首先要求担保物品的价值较高；其次要求担保物品能够具有较强的变现能力，授信额度和范围能够被担保品价值所覆盖，如房地产担保类授信业务，有价证券抵押担保类授信业务等。对于文化中小企业，强担保类授信存在困难，对于其他几种授信方式可予以重点考虑。商业信用和信用支持类授信，对于企业的商业信用以及客户自身信用具有较高的要求，因为该种授信方式主要依靠客户自身信用或企业的商业信用承担还款责任，但是对于小企业提供抵押担保的要求相对较低，担保范围可以扩大到银行目前难以进行价值评估或变现能力较差的质押物品，例如企业应收账款凭证、商业承兑汇票贴现、出口信托押汇等。可控担保类授信主要是指银行能够控制整个信贷业务的操作流程，这就要求担保品具有一定的变现能力，或者企业能够具有较为可靠的还款来源，使得银行在该业务中能够具有较小的发生损失风险，或者正常业务流程下不会发生损失，例如优质的出口押汇、银行能够获取货物控制权的远期信用证、符合银行要求的动产质押、具有较高信用等级大公司的应收账款凭证以及商业承兑汇票贴现等。其他担保类授信具有很强的不确定性，也就是银行允许企业提供的抵押担保品不在银行制定的标准范围之内，但是必须具有一定的风险覆盖范围和变现能力。主要是指除了上述授信模式规定之外，可以通过其他方式进行有效担保或能够控制还款来源的授信方式。

对于涉及有出口退税的文化企业，银行还可以开展出口退税账户托管贷款，即银行对外贸型中小企业形成的出口退税，银行对其出口退税专户进行控制，贷款到期后直接从此专户中扣划贷款本息。这种贷款既缓解了出口型企业的资金压力，又保证使贷款归还具有稳定的资金保障。这种方式充分利用了企业享有的国家出口退税政策，而且将退税政策巧妙地转化为中小企业急缺的资金。

(二) 知识产权质押贷款创新

知识产权又称为智慧财产权,是指人们对其智力劳动成果所享有的民事权利(即对智力劳动成果所享有的占有使用、处分和收益的权利)。根据世界知识产权组织公约第二条规定,“知识产权”包括下列各项有关权利:(1) 文学、艺术和科学作品;(2) 表演艺术家的表演以及唱片和广播节目;(3) 人类一切活动领域的发明;(4) 科学发现;(5) 工业品外观设计;(6) 商标、服务标记以及商业名称和标志;(7) 制止不正当竞争;(8) 在工业、科学、文学艺术领域内由于智力创造活动而产生的一切其他权利。

虽然知识产权质押融资发展潜力巨大,但是由于与不动产相比,知识产权作为无形资产存在评估难、不稳定性突出等特点,银行业对此业务非常谨慎。不少银行为减少风险,往往以“担保+实物抵押+知识产权”的方式发放贷款。这给中小企业,尤其是初创型中小企业融资带来很大困难。

知识产权质押贷款中最关键的就是知识产权的评估工作。由于目前没有统一的评估标准,到底采用何种评估方式、选择哪家评估机构进行评估、评估价值双方是否都能认可,都是需要解决的难题。商业银行可与知识产权局协作,与知识产权评估经验丰富的资产评估公司合作推出“知识产权+银行+评估+政府”知识产权质押贷款模式,认同通过知识产权质押进行融资。资产评估公司核查借款人企业提供的相关资料,同时搜集查阅其产品市场状态、产品竞争情况及其他资料,并且就银行质押贷款过程中的风险因素进行详尽的分析,最终出具知识产权评估咨询报告。银行依据资产评估咨询报告,结合自身的信贷要求,最终对知识产权质押放贷。同时银行可与知识产权局签署战略合作协议,银行与知识产权局将发挥各自优势,在开展文化企业融资培训、搭建银企互动交流平台、推动贷款贴息政策支持等方面加强合作,实现文化金融对接,共同促进知识产权质押融资业务快速开展。这种无担保、无实物抵押、政府贴息、风险共担的知识产权质押贷款,在贷款申办过程中,贷款风险可考虑由负责推荐的主管部门、评估机构、银行共同承担。

文化企业要申请知识产权质押贷款,首先要提出书面申请,填写《知识产权质押贷款推荐申请书》,其次要提交《企业法人代表声明》,书面申请材料包括企业工商、财税方面的材料和知识产权证明,之后由资产评估公司对拟质押的知识产权进行评估,出具评估报告;银行根据评估报告,征求相关单位和有关领域专家的意见,赴企业调查后出具审查意见和推荐意见。在知识产权质押登记生效、银行等融资服务机构放贷后,企业还要及时向有关部门进行备案。政府主管部门除了为企业、银行、评估机构之间牵线搭桥以外,也通过出台相关政策的方式,引导这一新机制的启动。

以上海市闵行区实行的扶持奖励政策为例,质押融资企业的贷款可享受全额贴息,担保费、知识产权登记费能得到全额补贴。此外,知识产权价值评估费用也能获得相应补贴。发出贷款的银行可享受到最高达贷款额度2.5%的奖励,贷款担保公司最高能获得相当于贷款额度3.5%的奖励,知识产权评估机构则可享受相当于评估费25%的奖励。在这一过程中,政府信用成为隐形质押物,政府补贴费用成为推动知识产权质押融资的关键砝码。目前上海市正在制定新的知识产权融资方案,将对知识产权质押融资提供一系列的评估、质押物流转办法,并制定风险承担方案等细节内容。如果这些政策能得以出台实施,有望大大拓展中小企业融资砝码,减轻政府信用担保的潜在风险,使得知识产权质押贷款这一新兴融资市场更趋市场化和高效。

北京银行探索的知识产权质押贷款业务有两种模式:模式一,合作主体包括银行、律师事务所及担保公司,三方签署合作协议。模式二,合作主体为银行、律师事务所及知识产权专业评估机构,三方签署合作协议。合作担保机构在其担保额度内逐笔为借款人的借款提供连带责任保证担保,目前已能够接受总行认可的其他担保公司提供担保。合作担保机构依照与银行及其他合作方就本业务签署的合作协议、与银行签署的其他相关合作协议以及具体业务合同等的约定提供服务,并履行相应的责任和义务。合作律师事务所出具法律意见书,提供与贷款相关的法律咨询服务,协助银行经营单位办理质押登记手续,就知识产权质物权属关系变化等方面进行监控,律师事务所应为本行经营单位或担保机构采取的违约贷款管理措施提供法律服务。

在管理规定模式二下,知识产权专业评估公司在试行阶段提供知识产权质物价值评估;提供与贷款业务相关的评估事务咨询;评估公司出具预评估意见,待相关贷款经银行授权审批机构审批通过后,向银行提供正式评估报告;贷后,评估公司按约定就质物的市场价值进行监控;借款人贷款出现逾期后,评估公司配合银行做好催收工作。

知识产权质押贷款主要适用于能够以合法有效的知识产权作质押且已将该知识产权所形成的产品推向市场,所形成的生产经营达到一定规模,具有知识产权实施能力和获利能力的中小企业。

北京银行探索的知识产权质押贷款原则上单户知识产权质押贷款额度不超过2 000万元(含),特殊情况下超过此额度由信贷授权审批机构审批确定。贷款期限方面,流动资金贷款原则上不超过一年(含),最长不得超过二年,且必须制定分期还款计划。

作为基本条件贷款企业,在质物方面要求有:

(1) 用于质押的专利权应满足的条件:

① 设质专利权至少已进行2年(含)以上的实质性实施,并具有盈利能力;

② 设质专利权须是借款企业经营的核心专利、核心技术或核心无形资产,并形成产业化经营规模,具有一定的市场潜力和良好的经济效益;

③ 对设质专利权的相关性专利和改进型专利,无论企业实施与否,均应与设质专利权一并质押;

④ 设质专利权应已被国家相关主管部门依法授权;

⑤ 发明专利现有有效期不得少于8年,实用新型专利现有有效期不得少于4年;

⑥ 出质人应向本行经营单位如实申明是否存在以同一技术申请实用新型专利和发明专利的情况;

⑦ 该专利不得涉及国家安全与机密;

⑧ 出质人须提供已缴纳专利年费的证明,并须在质押期间按时、足额缴纳专利年费;

⑨ 银行规定的其他条件。

(2) 用于质押的商标权应满足的条件:

① 该商标已使用时间至少在2年(含)以上,且具有盈利能力;

② 设质商标权应已获国家相关主管部门批准注册;

③ 该商标实际使用的产品或服务范围与注册范围一致;

④ 该商标应实际用于借款申请人的主营产品;

⑤ 对于与设质商标权相同或近似的商标均应与设质商标权一并质押;

⑥ 出质人须按时、足额缴纳商标续展费;

⑦ 银行规定的其他条件。

(3) 设质专利权与设质商标权还应满足的条件:

① 质物必须产权明晰,可以办理质押登记,按照国家有关规定可上市

交易，且易于变现；

② 出质人必须将质物价值全额用于贷款质押担保；

③ 以第三方所有的专利权、商标权设定质押的情况；

④ 以与他人共有的专利权、商标权设定质押的情况；

⑤ 借款人为出质人股东或实际控制人的情况；

⑥ 质物需经本行认可的评估机构或担保机构进行价值评估；

⑦ 本行规定的其他条件。

根据物权法规定，知识产权质押没有质押期限的要求，但在办理质押登记过程中，如登记机关明确要求登记质押期限，则质押期限应为主债务履行期限的基础上加两年。

知识产权质押率由银行或专业担保机构依据知识产权质量、处置难度及借款人的财务和资信状况与借款人商定，最高不超过30%。其中：发明专利权的质押率最高不得超过质物价值的25%；实用新型专利权的质押率最高不得超过质物价值的15%；驰名商标的质押率最高不得超过质物价值的30%；普通商标的质押率最高不得超过质物价值的20%。

苏州的一些文化创意产业园的经营场所固定，经营状况也不错，但是文化创意产业园的土地通常为租赁取得，也没有有效、合规的房产进行抵押，对于此类租赁经营户的融资需求，一直被银行拒之门外。国内已有银行尝试以租赁权或租赁收费权为质押的贷款。许多商户需要投入资金进行店铺装修以及采购原料积压库存，从而可能会产生流动资金短缺的局面，银行可尝试商铺租赁权质押专项贷款，即以商铺的租赁权（及优先承租权）作质押，银行根据商铺的实际市场价值确定其贷款额度，并可适当降低利率，手续简便、操作灵活。租赁收费权质押贷款项目是银行为从事租赁经营为主的优质客户开通的融资渠道。该项目还款方式灵活，既可到期一次性还款，也可分期还款，还款方式灵活；银行与借款人、承租人签订三方协议，承租人承诺在贷款未到期之前将租赁费存入银行指定账户，对银行来说借款人就拥有了稳定的还款来源；根据租赁费的归集情况，银行可以判断企业未来的偿债能力，在一定程度上促进了贷后管理工作；签订的三方协议由公证部门进行公证，在一定程度上为客户提供了便利，也可以有效保障银行的合法权益。

针对苏州传统艺术品市场较为发达的情况，银行还可以开办艺术品质押贷款业务。银行可聘请专业权威机构及专家对艺术品进行详细鉴定，办妥艺术品质押手续后，参照估值价格给予一定比例的融资。在艺术品保管方面也选择专业存储地点，严格按照恒温、恒湿、防酸的专业保管要求，做好艺术品的保管工作。

创新文化消费信贷产品。鼓励金融机构根据文化消费特点，积极开发分期付款等消费信贷品种，扩大综合消费信贷投放。完善银行卡消费环境，积极推动娱乐、广播影视、新闻出版、旅游广告、艺术品交易等行业的刷卡消费。

二、信贷管理创新

一是量身定做适应文化产业特点的信贷政策，将文化产业作为朝阳产业列入支持类，在担保条件、利率等方面给予优惠，对文化企业设置有别于工商企业的信用评级模块，制定版权质押贷款指引和并购贷款指引等，为文化企业提供优质服务。在信贷规模配置上，加大倾斜力度，列出文化信贷专项规模，新增文化贷款规模不低于其他行业新增规模。

二是通过创新信贷模式实现担保形式多样化。商业银行应结合文化企业运营方式和特点，弱化财务指标考核，转变以机器设备、厂房有形资产为抵押品的传统担保思路，积极试办知识产权、专利权、商标权、电影制作权、著作权、版权等无形资产抵押贷款、企业联保互保贷款等，并合理确定贷款期限，为文化企业尤其是中小文化企业融资扩大抵(质)押范围，丰富融资品种，解决文化产业普遍缺失抵(质)押物的问题。

三是制定针对文化企业的授信制度，简化审批流程，缩短审批时间，为企业提供方便快捷的优质服务，确保符合贷款条件的文化中小企业获得方便、快捷的信贷服务。各金融机构要对文化中小企业设立独立的审批和信贷准入标准，压缩文化中小企业贷款审批流程，切实提升贷款审批效率。鼓励有条件的银行为小微文化企业开办一站式金融服务。积极推广灵活高效的贷款审批模式。研究推动小微企业贷款网络在线审批，建立审批信息网络共享平台，以降低时间成本。客户可通过网络进行贷款申请，并通过“网上银行”零售信贷渠道进入预审批系统，客户可自助进行循环借款合同项下的提款和还款业务。

四是各金融机构应在风险可控、商业可持续原则的基础上，根据不同文化企业的实际情况，建立符合监管要求的灵活的差别化定价机制。引导辖内银行业建立科学的风险定价机制，针对不同文化企业或不同授信品种实行差别定价，不额外收取资金管理费、财务顾问费等费用，以降低文化信贷成本。

五是针对部分文化产业项目周期特点和风险特征，金融机构可根据项目周期的资金需求和现金流分布状况，科学合理地确定贷款期限。

六是针对小微文化企业循环授信，降低资金周转成本。对小微文化企业或文化个体工商户银行业通过实施循环授信，减少多次贷款申请、审批、抵押评估等程序带来的成本。如小微企业流动资金贷款循环额度授信期限最长可达3年，固定资产贷款循环额度授信期限最长可达4年，在3～4年的授信期限内只需办理一次房产评估和抵押登记，从而最大限度地减少了客户办理评估、抵押手续次数及相关的费用支出。

七是建立激励相容的考核机制，引入更多正向激励，实行与大客户不同的奖罚标准，以提高信贷人员营销文化企业贷款的积极性。

八是小微文化企业贷款风险相对较高，信贷人员易产生“惧贷”心理。部分银行机构建立了独立的、具有可操作性的小微企业不良贷款问责和免责制度，给予适当的不良贷款容忍度，提高信贷人员发放小微企业贷款的主动性。如可对小微文化企业贷款设置1%～2%的风险贷款容忍度，激励信贷人员放下包袱放手大干，以实现宽容问责保增量。

三、直接金融产品及渠道的创新

以完善文化产业直接融资支持机制为切入点，拓宽文化企业融资渠道。

第一，要研究开发能够使知识产权流动化、证券化的金融技术和金融产品，使文化企业融资从过度依赖间接融资，向直接融资，以及超越传统意义上的直接融资的方向——知识产权证券化方向跨越。

第二，要研究和解决中小文化企业集合融资的金融技术和金融产品，破解中小文化企业融资难问题。中小企业融资难是世界性难题，中小文化企业融资就更难。逐步扩大中小企业债务融资工具发行规模，积极推进完善短期融资券、中小企业集合债券和集合票据的试点工作，适当简化审批手续，对中小企业发行债务融资工具实行绿色通道。对符合国家政策规定的中小企业发行直接债务融资工具的，鼓励中介机构适当降低收费，减轻中小企业的融资成本负担。培育银行间债券市场合格投资者，为中小企业直接融资市场创造条件。进一步完善风险控制、信用增进等相关配套机制，为优质中小企业在债务融资工具发行阶段提供信用增进服务。支持文化企业借助资本市场和货币市场迅速成长。

第三，要研究和探索以债权和股权参与经营性文化事业单位转企改制、兼并重组的可能性和可行性，为文化体制改革和文化产业的结构调整提供创新的金融服务。要打造股权融资、债券融资的全链条,为文化产业提供全方位、全阶段的投融资服务。适当放宽准入条件,鼓励风险投资基金、私募股权基金等风险偏好型投资者进入处于初创阶段、市场前景广阔的新兴文化产业。在政策允许的范围内,积极鼓励、支持和引导境内外资本以 BOT 等形式参与文化项目建设;积极探索信托计划、融资租赁以及文化产业项目未来收益证券化等融资方式。拓宽利用民间资本和国际资本的方式和空间,为文化产业发展提供多样化的融资渠道。

第四,对符合条件的重点文化企业,应做好进入主板、创业板上市融资的培训、辅导和推介工作,推动更多优质企业上市融资。优先将符合上市条件的文化企业列入省重点上市后备企业名单,支持、推动文化企业利用沪深主板、中小板、创业板进行市场融资。加大文化中小企业上市前期辅导培育力度,支持自主创新和有发展前景的中小企业发行上市。积极发展中小板市场,加快发展创业板市场,努力扩大中小企业上市规模。建立和完善中小板和创业板上市公司再融资及并购制度,完善中小企业上市育成机制。积极推进证券公司代办股份转让系统报价转让非上市股份有限公司股份以及试点工作,适时将试点扩大到其他具备条件的国家级高新技术园区。完善监管和交易制度,改善文化中小企业融资环境。

第五,鼓励已上市文化企业通过公开增发、定向增发等再融资方式进行并购和重组。鼓励文化企业跨地区、跨行业、跨所有制参股、控股、兼并、收购,快速完成资源优化配置,促进文化企业做大做强。

第六节　金融服务创新

一、构建适合文化金融服务的金融机构内部制度

金融机构的内部制度与规章,是金融机构提供金融服务的依据,规定和制约着金融机构金融服务的范围、方式、流程、规范和水平。提高金融机构的文化产业金融服务水平,必须重建金融机构的内部制度。现行金融机构的内部制度主要是针对工业企业设计的,其中的很多规定都与文化企业的实际情况和服务需求不相适应,因此需要构建适合文化金融服务的金融机构内部制度。一是要充分认识发展文化产业的重要战略意义,提高文化产业金融服务的自觉意识,加强文化产业金融服务能力建设;二是要深入文化企业进行全面调研,摸清和掌握文化产业的特点,特别是文化企业的经营特

点、金融需求和融资能力状况；三是要全面清理现行的内部制度与规章，如银行的信贷政策、贷款通则、办法和指引等，并根据文化企业的实际情况，研究对相关规定和要求进行适当调整的可能性和可行性；四是要制定和出台符合文化企业实际的，能够调动金融机构及其相关部门和人员积极性与主动性的内部制度。

二、优化金融服务模式，实行文化金融“一站式”服务

随着文化企业数量和规模的不断扩大，所需要的金融服务也在逐步增多，对服务质量的要求也不断提高。文化企业和银行之间的关系不再单纯地局限于发放贷款和申请贷款之间的简单信贷业务关系，商业银行针对企业的服务正向综合金融服务的方向拓展，包括为企业提供投资理财咨询、获取信息渠道咨询、资产重组、界定产权等综合性金融产品和服务。商业银行由于自身也面临着结构重组的压力，使其有动力去不断拓展文化企业服务的领域范围，增强文化企业对商业银行的依赖度。金融机构的金融服务水平是通过金融服务模式综合表现的，因此，要研究和探索文化企业的经营特点，努力为文化企业融资和经营活动提供高效、便捷、优质、个性化和全方位的金融服务。具体措施如下：

一是要简化服务手续，优化业务流程，提高金融服务透明度和时效性。

二是提供全方位综合金融服务。商业银行的具体实施内容包括：以信贷业务为切入点，拓展收益性中间业务，开展投资财务顾问、项目融资、重组并购等投资银行业务；现金管理服务，即银行协助文化企业科学地分析现金流量，使其合理地管理现金、增加收益；顾问服务，商业银行可利用其专业优势，帮助中小企业融资理财，为其经营出谋划策、提供建议；外汇资金保值业务服务，对于外向型小企业，商业银行可为其开发和提供规避外汇风险的各类金融工具和业务品种，如远期结售汇、远期利率协议、利率、货币互换等。

三是加快文化企业征信体系建设，建立适合文化企业特点的信用评价体系。

四是构建文化产业发展的综合服务平台。现在有很多大型企业和战略投资者都具有对文化产业投资意向，但并不完全了解文化产业的相关态势。通过银行服务窗口，银行可协同政府有关部门通过定期或不定期组织文化产业项目推介会或发布相关信息和动态数据等，为各类资本进入文化产业领域提供信息，构建文化产业发展的资金、资源、信息综合服务平台。金融机构积极主动与文化主管机构签订金融支持文化产业发展合作备忘录和战略合作协议,由文化主管部门向金融机构推荐需要扶持培育的文化重点企业和重点项目名单,通过多部门联合举办文化产业银企对接会、洽谈会、推介会等形式,构建文化产业项目融资平台,促进银企合作。

五是商业银行还可与产权交易所、信托公司、证券公司、基金公司等相关机构合作,为文化产业提供资金结算、机构理财、供应链融资、国际业务、股权转让、并购重组等综合性金融服务。涉及文化金融业务的金融机构之间签订金融支持文化产业发展合作备忘录和战略合作协议,共享客户资源和客户信息,共同培育客户,助推文化产业的发展。

三、建设文化服务专业团队

文化金融项目的评审、风险的评估等关键环节都离不开文化服务专业团队的智力贡献,文化服务专业团队成员应包括政府职能部门主管人员、行业协会工作人员、金融机构文化专员、文化专家,通过文化金融产品推介会、文化金融项目论证会、文化金融论坛等方式开展文化服务专业团队的交流与合作,增强文化服务专业团队的协作能力。

制约文化企业发展的不仅是资金,还有科学的管理。在推动文化金融服务的过程中,银行不仅要融"资",更要融"智"和融"制",实现银企共同成长。可考虑举办文化企业发展论坛,以融智促成长。邀请专家、学者就文化企业发展中的关键问题进行授课,降低文化企业经营风险,引导企业科学管理,创新发展。

四、举办文化融资大讲堂

通过各种文化金融服务平台,让文化融资的需求者了解文化金融支持的各种融资渠道,获取文化融资的政策、条件及程序。政府文化主管部门、金融机构要积极联系文化企业,通过各种途径向文化企业客户宣讲文化融资知识,培育客户、引领客户成长。

本章附录一

破解授信难题 打造专属天地:苏州中行文化金融创新再踏新征程

来源:江南时报网　　　　时间:2012 - 09 - 05

背景:这片天地"大有可为"

一系列扶持政策的相继出台,为我国文化产业营造了良好的发展环境。"十二五"期间,文化产业的发展目标是成为支柱性产业,文化产业增加值占GDP的比例要逐步上升至5%左右。这就意味着文化产业增加值将从1万亿增加至3万亿,年均增速要达到25%(名义增长率),远超过GDP的增长。可见,我国文化产业发展的空间还很大,在未来5到10年的发展阶段里将面临更好的宏观环境,文化产业在全国经济社会中的地位将更加突出。

当"文化强国"成为继"科教兴国"后中国社会的新一个发展主题,这对有深厚历史底蕴、文化内涵和"双面绣"精神的姑苏古城,对正在加紧建设"三区三城"、加紧推进转型建设的苏州提供了难得的发展机遇。2011年度苏州全市重点文化产业项目83个,总投资接近700亿元,文化产业实现增加值533亿元,GDP占比达5.08%,较2010年提升0.94个百分点。文化产业正日益成为苏州经济社会发展一个新的增长点和经济结构战略性调整的重要支点。

文化产业相对于经济领域中其他较为成熟的行业,发展水平和实力仍较弱,单纯依靠自身积累很难实现"文化大发展大繁荣"的战略目标,与金融有效对接,是文化产业成为国民经济支柱性产业的必然选择。同时,文化产业巨大的增长潜力和广阔的发展空间,也为金融行业提供了新的业务领域和利润来源。当前我国文化产业的某些细分领域已经具备产业化、市场化的条件,金融大规模介入的时机已基本成熟,特别是传统文化底蕴深厚、创新精神兼具的苏州,可谓是"广阔天地、大有可为"。

在国家政策的引导下,国内商业银行开始高度关注文化产业、研究文化产业,并结合自身经营特点走差异化发展道路,形成了不同的发展模式。但由于政策不完善、"轻资产"的行业特点、缺乏有形抵押物和有效的担保体系以及银行自身问题等原因,现有传统商业银行的金融模式和条件,很难有效改变文化产业企业的融资困难。当面对文化企业"供血难"时,银行特别需要关注创新问题,要从自身体制、产品开发、综合服务、担保方式、合作机制等各方面突破创新,探索一条与文化产业活动相适应的金融支持发展道路。而苏州中行,近年来正是围绕这些思路和方法,来推动文化产业金融不断创新、不断精进。

破冰:轻资产类文化授信终结硕果

中国银行苏州城中支行,作为苏州分行文化金融创新的先行先试区,在对苏州地区文化产业行业现状和金融服务需求进行长期跟踪调研和项目筛选的基础上,明确了"切入细分市场,锁定行业领头"的做法,通过不懈努力和多方合作,在轻资产类文化授信领域取得了累累硕果。

2012年3月中旬,中国刺绣工艺大师、"国家级非物质文化传承人"姚建萍女士接到了江苏省人大的一项光荣而艰巨的任务,要在短短的3个月时间内创作出长7.5米、宽3.4米,代表江苏乃至全国一流的苏绣艺术佳作,将陈列于北京人民大会堂人大常委议事大厅。时间紧、任务重,但面临的更大问题是来自购买特殊原材料、聚集优秀人力等环节的资金压力。随后,姚建萍女士与苏州多家银行接洽,寻求融资服务,但瓶颈在于姚建萍所创立的刺绣艺术有限公司属于"轻资产"文化型中小企业,缺乏有效担保方式,现有的中小企业融资大多基于资产抵押或专业担保公司担保,各家银行均未能提出切实、可行的融资方案。目前苏州地区更没有此类文化型中小企业的融资先例,无任何现成的模式和方法可参考。

中国银行苏州城中支行在得知姚建萍女士的融资需求和难题后,多次上门走访、实地考察,反复探讨各类融资方案的可行性,通过与上级行有关部门、资产评估公司、保险公司、第三方专业代保管机构持续协调论证,最终创新性地提出了在担保方式上采取苏州市场范围内的首次创新举措——艺术品质押贷款,即通过"绣品无形艺术价值评估,质押物委托符合银行托管条件的第三方机构代为保管,并由保险公司对押品承保"的方式,实现此类"轻资产"文化型企业信贷业务品种的首次尝试。这个模式的核心意义在于,通过引入资产评估事务所对拟押绣品进行专业、严格和谨慎的评估,确定质押物的真实市场价值以及变现可能性,保险公司为其质押的艺术品承保,缓释了运输、存放过程中的潜在风险,第三方专业托管降低了银行的风险,也建立了质押物存放的长效机制,使银行及时、动态跟踪、控制该类轻资产文化产业授信各环节风险成为可能。2012年6月12日,中国银行苏州城中支行提交的姚建萍刺绣艺术品质押融资方案成功获得中国银行苏州分行授信批复,2012年6月21日实现首次放款,该笔业务的成功叙做成就了苏州地区的第一笔"轻资产"文化贷款,更为姚建萍大师创作并顺利完成人民大会堂陈列精品《春早江南》,提供了强有力的资金保障。"要做,就要从最难做,别人做不了的先开始",姚建萍刺绣艺术公司轻资产文化贷款的成功落地,充分印证了苏州中行文化金融创新的务实、高效和敢作敢为。

无独有偶,在面对苏州某银楼同样的融资需求和遭遇的难题时,城中支行致力于文化金融创新的这一班人,在前期姚建萍刺绣艺术品质押融资模式的原型基础上,又积极尝试以玉石质押的方法来为企业解决融资难题,据悉,该方案于2012年7月28日成功获批,2012年8月27日实现放款。同时,城中支行已成功开发"玉石贷"产品,艺术品投资信贷产品"艺贷通"也将很快与广大艺术品投资客户见面。至此,苏州中行在文化金融创新领域,已连续造就了苏州地区范围内的多个第一:第一笔“轻资产”文化贷款、第一笔艺术品保险、第一笔艺术品托管……更标志着中国银行金融创新支持苏州地区文化产业发展工作取得了实质性进展和创新性突破。

“想来容易,做起来却很难,处处都需要协调,步步都是创新”,城中支行文化金融创新团队的客户经理这样评价整个过程的艰辛和得来不易的收获。首当其冲是评估问题,寻找有无形资产评估资质和经验的评估公司,就耗费了两个月之久的宝贵时间,更要随时防控可能出现的道德风险。再者是保险和托管,比如合作保险公司和托管方的寻求、产生的相关费用、托管三方协议的签订等细节。艺术品保险这个险种在国内并不常见,极少有保险公司有承保意愿和经验,“碰鼻子、吃灰的事情也是常有的”,甚至国内唯一一家有艺术品承保经验和意向的公司,都是经过反复沟通、协商,才达成了最终的合作。城中支行的文化金融创新团队就像是拓荒人,一次又一次地协调,一次又一次地沟通,问题不断产生,又被他们不断解决。“这件事情谁都没有做过,谁也没有经历过,我们都是摸着石头过河。当然,没有评估、保险和第三方专业代保管等专业机构的通力合作,我们绝不可能成功拿下这苏州地区第一笔轻资产类文化贷款,也不可能在此类授信业务中探索到可以被复制和沿用的既定模式,更不可能成为名副其实的文化银行。”

展望:打造文化产业客户金融服务的“专属天地”

2012 年 7 月 5 日,中国银行苏州分行出台《中国银行股份有限公司苏州分行文化行业信贷投向指引(2012 年版)》,要求各分、支行在具体操作中注重与产业相结合、与市场相结合的授信方式,加强产品灵活性与市场适应性,开发多元化渠道,丰富文化金融创新产品种类,促进文化行业信贷业务健康、快速发展。2012 年 7 月 31 日,“中国银行苏州文化金融服务中心”在城中支行正式成立,而随后紧锣密鼓跟进的,则是“筹建文化产业特色支行、文化产业拓展部门、文化产业专家团队,举办企业交流会、文化融资大讲堂、联动多方会诊,提供文化产业客户资本运作的一站式服务”等后续运作计划,“为文化产业客户金融服务打造专属天地”的梦想就此落地、生根、发芽。

作为苏州分行探索文化金融创新的先行先试单位,文化金融服务中心将从产品开发、客户营销、品牌宣传、人才培养、经营效益等方面,致力发掘苏州地区文化客户金融服务需求,充分结合融资服务与非融资服务、传统模式与创新模式,联动做好文化金融政策制定、产品开发及体系建设,持续推动相关政策争取和模式创新；并以文化产业特色支行为依托，先行先试做好文化金融市场营销，扩展和深化前景良好、符合中行政策导向的文化产业各类公私客户关系管理；以苏州分行在文化金融领域的品牌建设工作“排头兵”的特殊身份，促进影响力、美誉度的提高；同时，更联动政学产研等社会机构资源，培育苏州市文化金融消费市场，为打造“文化强市”贡献力量。

中国银行苏州城中支行2012年新设网点——平江新城支行定位于文化产业特色专营，成为苏州中行的首家“文化产业特色支行”。文化产业特色支行聚焦了有利的人力、政策和资源，以服务文化产业客户为主，致力于从物理渠道、视觉形象、服务内涵、操作层面上推动文化产业金融服务的发展，并以此迅速做大做强业务规模，形成苏州中行的鲜明特点、比较优势和服务特色，并成为中国银行苏州文化金融服务中心拓展文化业务的前沿阵地。2012年，苏州中行文化产业特色支行正式开始筹备设立，“文化金融服务专属天地”实际载体的打造，亦真正进入了令人欢欣鼓舞、翘首以盼的倒计时阶段。

博观而约取，厚积而薄发。文化金融创新，对于苏州中行而言，是一项不断探索、持续推进、永不止步的崭新事业。我们有充足的理由相信，苏州中行在文化金融创新的伟大事业中，一定能够以其独特地位和稳健品牌，为苏城广大文化产业客户提供更加全面、专业、领先的金融服务，闯出一条有中行特色的发展新路来！

本章附录二

苏州银行争做文化金融的领跑者

来源:中国日报网　　　　时间:2012 - 06 - 02

2012年5月31日，苏州银行率先举行新闻发布会，通报文化金融服务创新信息。现阶段文化产业发展进入到大繁荣的阶段，亟须加快完善各项文化经济政策，充分发挥投融资的导向和杠杆作用。

苏州银行先声夺人，将以五大措施“传承苏州吴韵今风，扬帆文化金融蓝海”，争做文化银行的领跑者。第一，加大对文化旅游类基础设施和技术设备的融资支持，推动文化平台的建设。包括旅游景区经营权质押融资、传媒装备系统改造融资、文化创意产业园融资以及文化娱乐综合体融资。第二，扶持文化创意类小微企业发展壮大，搭建创意企业与投资资本的合作平台。包括极具特色的选择性贷款、打造成为文化创意孵化器摇篮以及定期开展创业论坛。第三，加大金融资源投入，推动传统文化艺术的产业化、规模化和金融化。为传统工艺大师度身定制的免担保“大师贷”文化金融项目，面向省市级以上工艺美术大师、非遗传承人等。凭大师个人信用发放贷款。还有文化艺术品的投资理财。第四，开放渠道网点合作，拓宽苏州文化艺术的传播和销售渠道。第五，发行文化卡和苏州金，为非物质文化传播提供金融载体。这些针对性强、特色鲜明的业务模式，从文化创意企业孵化到推动文化产品进入市场发展壮大，提供了一揽子金融支持和平台服务。

随着苏州“文化强市”战略的实施，文化产业与现代金融正以前所未有的速度交融互动。苏州银行在推进本土特色的金融文化服务过程中积极展开文化与金融的对话，打造多元化的信贷产品，整合多层次的服务体系，打造文化金融服务平台。在多元竞争中找出自己的核心竞争力，根植于苏州这个文化大市、文化强市，将文化融入到苏州银行的血脉之中，旨在成为文化银行的领跑者。

据悉，苏州银行的110多个营业网点，将通过宣传折页、实物展示的形式将姑苏文化真正纳入进来。

第八章

文化产业金融支持的金融生态环境建设

文化金融的发展,除了要积极推动前文所述的产品与工具创新、制度与体制创新以外,大力加强金融生态环境建设是一项更为艰巨而复杂的系统工程,它将决定文化金融发展的最终成败。

第一节 金融生态环境建设中地方政府的作用

一、金融生态环境的释义

2004 年 12 月 7 日,《金融时报》刊发了周小川在"经济学 50 人论坛"所作的《完善法律制度,改进金融生态》的报告,首次在我国将生态概念引申到金融领域。周小川将生态学概念系统引入到金融领域,并强调用生态学的方法来考察金融发展问题。他分析了法律环境对金融生态的影响,并对金融生态进行了微观经济和宏观经济分析,认为"金融生态"是指金融运行的外部环境,金融运行的一些基础条件,法律制度环境是金融生态的主要构成要素,其次还包括市场体系的完善程度,中介服务体系的完善程度和企业改革也是改善金融生态的重要方面。

金融生态是指各种金融生态主体之间基于金融市场这一载体,通过金融生态监管以及金融生态环境各因素的作用形成的具有一定结构特征、执行一定功能的动态平衡系统。从定义中我们可以看出,金融生态系统应该包含金融生态主体、金融市场、金融生态监管以及金融生态环境四个基本要素,而且各个构成要素之间存在着相互关联、相互依存的关系。也正因为它们之间的这种关系决定了金融生态是一个动态的平衡的系统。金融生态系统结构如图 8-1。

- 金融生态系统
  - 金融生态主体
    - 银行机构
    - 证券机构
    - 保险机构
    - 民间借贷机构
    - 金融中介组织
  - 金融生态客体（金融市场）⇒进入、退出机制
    - 确定价格
    - 流动性
    - 风险转移
    - 降低交易成本
  - 金融生态环境
    - 宏观经济环境
    - 行政服务环境
    - 金融信用环境
    - 金融司法环境
  - 金融生态监管
    - 外部监管
    - 内部监管

图 8-1　金融生态系统结构图

所谓金融生态主体，是指为了自身的生存与发展，通过提供金融产品和服务获取收入，并通过创新等方式不断调整自身以适应环境和根据自身需要去作用于环境的行为主体或组织单位，如银行、证券、保险、民间借贷等金融机构和组织以及所有提供金融产品和服务的金融中介主体，如证券交易所、期货交易所、基金公司、货币市场组织等。

金融市场作为金融生态运行的客体，是由金融生态行为派生出来的。在金融市场上，所有的金融交易活动都离不开金融生态主体，同样，金融生态主体也离不开金融市场。金融市场是金融生态主体交易的平台、载体，同时也是在金融资源配置中起基础性作用的调节机制。金融市场作为金融生态客体，其存在的意义不仅仅是为金融生态交易提供平台，更多的是提供为金融资产配置起基础性作用的内在调节机制。金融市场的内在调节机制主要体现在：金融资产的价格确定，增强金融资产的流动性，金融资产的风险转移，降低金融活动的交易成本。

金融生态监管体系包括两部分的内容：一是外部监管，即法定监管部门做出的监管行为；二是内部监管，即金融行业自律协会和金融中介组织对金融活动做出的监督行为。

金融生态环境是指所有作用和影响金融生态主、客体以及金融生态监

管的外部因素，是影响金融生态活动的宏观背景。金融生态环境主要由宏观经济环境、行政服务环境、金融司法环境、金融信用环境等因素构成。

政策支持是文化和金融产业所共同面对的外部环境，是建设文化产业金融支持的生态环境的重要组成部分，其目的是减少和简化文化金融活动在法规监管上的障碍，并优化公共资源的配置，使之有效地支持文化产业发展，消除文化金融资源的"政策错配"。

二、地方政府在区域金融生态环境建设中的作用

金融生态环境是指影响金融业生存和发展的各种因素的总和，包括与金融业发展相互影响和相互作用的政治、经济、文化、人口、法律、信用环境等社会因素。金融生态环境中各因素相互依赖、相互作用，共同构成一个有机整体，即金融生态链。金融生态环境的改善、演变和发展，会通过改变金融业内部各种力量的对比状况而推动并决定着金融业发展规律的形成。一个健康而有活力的金融生态环境，无论对金融业的发展，还是对经济社会的发展都具有十分重大的意义。改善金融生态环境是建设和谐金融的关键，良好的金融生态环境是建设和谐金融的基础。

金融生态环境这一概念一经提出就得到中国金融领域学者和实践参与者的认同，出现了一些关于金融生态环境的相关研究文章。这些文章主要集中在对如何建设金融生态环境，金融生态学与社会、经济、法律等因素关系的理论分析。主要观点有：金融生态环境建设与区域经济发展是相互促进、相互依赖的。一方面，经济决定金融和区域经济的协调健康发展；另一方面，金融生态环境的优化，有利于增强对信贷资金的吸引力，形成资金聚集的"洼地效应"，从而推动经济加快发展。良好的金融生态展示了统筹协调、良性互动的科学发展观，不仅有助于社会经济资源的有效配置，推动金融发展，也有助于保障经济秩序、维护社会诚信、推动国民经济的可持续发展。

区域金融生态环境直接关系地方经济社会发展，金融生态环境是地方经济社会发展的基础和前提，金融生态环境的好坏直接影响着地方经济社会发展水平的高低。具体来说，区域金融生态环境的主要作用表现在以下方面：

一是良好的金融生态环境可以使地方经济发展获得持续稳定的资金支持。地方经济发展需要金融部门进行长期的资金供给，地方政府只有充分发挥各类金融资金的优势和特点，为金融机构提供良好的发展环境，形成银行、资本市场、保险等各类资金相互补充、相互支持的良好局面，才能保证地方经济实现长期可持续发展。例如，一部分大、中型企业的资金需求从大银行取得，中小金融机构和各种投资基金等对应的是中小企业；而另一部分大、中型优质企业的资本金需求则需从资本市场取得，流动资金需求需从债券市场取得，而基础设施建设可以充分利用保险资金，等等。此外，与全国性的金融机构相比，地方金融机构在服务的细化和侧重方面，更能结合当地经济的发展，特别是在业务创新等方面，可以为地方经济发展提供更有针对性的金融服务。

二是良好的金融生态环境有利于促进地方产业结构优化升级。一个地方的金融发展水平以及金融生态环境对当地产业发展具有十分重要的影响。一方面，通过资本在不同产业间流动和再配置，使产业的规模发展和结构改变，推进产业优化升级。例如高新技术产业的发展，可以通过创业投资、资本市场等方式来获得技术创新所需的资金，同时也可以通过保险来分散技术创新过程中的风险，促进科技成果进入技术市场和提高成交率，从而推动区域生产技术进步。另一方面，通过整合金融资源，促进各产业协调发展，提高地方产业的整体竞争力。尤其是可以充分利用民间金融的作用，支持经济发展中的薄弱环节和政策扶持的产业，弥补财政和信贷资金支持力度的不足。

三是良好的金融生态环境有利于促进社会稳定和谐。金融保险不仅具有资金融通的功能，还具有社会风险管理功能，特别是随着近年来政府职能的逐渐转变，保险作为一种市场化的风险管理和转移机制，其社会风险管理功能日益显现。例如，在煤矿等高危行业、校园安全、交通安全及医疗卫生领域，通过相应的责任保险，用市场化手段解决责任赔偿等方面的法律纠纷，不仅有利于政府公共服务创新，而且降低了社会管理成本，促进社会稳定和谐。而一些地方政府在拆迁工程、物业责任等领域，通过利用“拆迁工程综合保险”、“物业责任综合保险”等新险种，不仅分担了政府管理责任，而且为拆迁群众提供了相应保障。

三、地方政府在金融生态环境建设中的原则及措施

要大力发挥地方政府在促进区域金融生态环境建设方面的作用，地方政府的行为是构成区域金融生态环境的关键因素。推进金融生态环境建设，不仅需要金融机构努力提升自身竞争力和服务能力，更需要地方政府加快转变政府职能，在政策、法律、制度、信用等方面为金融机构发展提供良好环境。地方政府推进区域金融生态环境建设应坚持三个原则：

一是坚持遵循经济金融发展规律。地方政府在制定出台经济金融的相关政策制度时，应当认真研究经济金融发展规律及变化的趋势，明确地方经济金融的未来发展定位与战略，使各项政策能反映经济金融发展规律，反映金融实践客观需要。

二是坚持立足地方经济社会实际。我国各地经济金融及社会发展状况存在较大差异，地方政府要紧密结合地区的区位优势、资源禀赋和经济基础以及人文环境，探索建立适合自身实际的金融发展模式。

三是坚持寓管理于服务之中。地方政府应树立服务的理念，金融工作应由行政管理为主向服务与管理相结合转变，在服务中实施管理，在管理中体现服务，为地方金融体系整体功能的发挥创造良好的外部环境。

同时，地方政府推进金融生态建设应着重处理好四个关系：

一是处理好宏观调控与地方经济发展的关系。地方政府要正确理解把握国家宏观调控政策，并根据当地的经济社会发展实际情况，引导金融机构围绕国家宏观调控政策，合理配置金融资源，将贯彻国家调控政策措施与支持地方经济社会发展结合起来，形成良性互动。

二是处理好金融政策与产业发展的关系。地方政府在制定金融政策和产业发展政策时，应注重二者的协调配合，引导金融机构根据地方产业政策和产业发展情况对资金流向进行调整，完善产业资本与金融资本的动态协调配合机制，更好地发挥金融对产业发展的支撑作用，促进金融对地方支柱产业、重点行业、先进产能、高新技术、新兴战略性产业的推动作用。

三是处理好金融发展与社会建设的关系。地方政府在出台政策引导金融资源配置时，要兼顾效率和公平。金融不仅应支持地方的投资、消费以及贸易往来，服务地方经济增长，还应当着眼于当地社会发展，为"三农"、中小企业等提供金融支持，使弱势产业、弱势人群获得有针对性的金融服务。

四是处理好金融发展和风险防控的关系。地方政府既要加强对金融的扶持和引导，促进金融健康稳定发展，又要加强与金融监管部门的沟通与合作，及时掌握辖区内金融运行与风险状况，防范突发性和系统性金融风险。特别是要注重防范金融创新活动中的风险，要引导和管理金融机构在风险可控的原则下进行区域金融产品创新。

在建设地区金融生态环境过程中，地方政府要高度重视改善金融生态环境对促进经济可持续发展的重要战略意义，把争取金融支持的重点放在主动地、超前性地改善金融生态环境上。具体而言，地方政府推进区域金融生态环境建设应采取的措施有：

（一）成立金融生态环境建设领导小组

金融生态环境建设领导小组分两个层面：一是各县（市）成立以人民银行行长为组长，银监部门和各金融机构组成的金融系统内部金融生态环境建设领导小组。主要任务是定期召开联席会议，协调内部环境建设工作，统一行动，通过贯彻稳健的货币政策，实现金融资源的合理配置；在金融业稳健运行的基础上实现公平合理竞争，提升日常金融服务水平。二是各县（市）成立由政府牵头、有关部门共同参与的“金融大生态环境”建设领导小组。各地人民银行主要起推动、协调作用，重点是政府部门及社会各方面的共同参与。要通过建立辖区金融生态环境建设联系会议制度，及时沟通内、外部建设情况，协调工作，形成合力，对辖区金融生态环境状况进行全面评价和改进。同时在人民银行内部也要成立以货币信贷、征信管理、调查统计、外汇管理、法律事务、会计财务等部门组成的金融生态环境建设领导小组，以加强与各金融机构、地方政府和有关部门的沟通，创造性地开展工作，努力构建良好的政、银、企关系，促进辖区金融生态环境的改善。

其中，人民银行作为优化区域金融生态环境的主倡者，应当充分发挥积极的引导作用。一要积极加强与地方政府及有关部门的沟通和联系，使地方政府及有关部门充分认识金融生态环境对于吸引信贷投入、促进经济发展的重要性，把优化金融生态环境建设提上重要议事日程。二要加强对经济总量与结构、信贷结构、投资结构及投资率变化等情况的监测分析，深入研究当地生态环境建设和货币政策执行中存在的突出问题，有针对性地提出政策建议，给地方政府当好参谋。三要在银行业内引导银行类金融机构全面提高金融服务水平，以抓服务为切入点促进金融生态环境的优化。四要引导银行类金融机构坚持区别对待、有保有压，及时为有市场、有效益、有利于增加就业的企业提供信贷支持，提高窗口指导的及时性和有效性，保持信贷投放的稳定性和连续性。

（二）以政府主导构建四项机制

1. 区域经济金融协调发展的政策决策机制

实现区域经济可持续发展，需要各方的参与。地方政府在制定本地经济发展战略时应充分听取各方意见，合理配置各种资源。因此，地方政府应大力运用金融机构提供的信息指导地方经济工作，与金融机构建立多形式、多渠道的工作协调机制，并及时向金融机构发布和沟通有关信息，增强政府工作的透明度。

2. 以金融自律、调控和监管为核心，构建促进金融生态规范有序的竞争机制

各金融机构要加强同业自律，坚持依法合规经营、有序竞争，强化相互监督和自我约束机制，共同维护金融秩序。要克服短期行为，结合自身优势合理进行市场定位，切忌盲目追风，防范业务过度集中形成系统性风险。人民银行要加强窗口指导，引导金融机构认真贯彻国家金融宏观调控政策，努力优化信贷结构。同时加快建立科学的贷款定价机制，防范信贷风险。金融监管部门要切实加强金融监管，严肃查处各种违规经营行为。要探索建立监管绩效评价和失职责任追究制度，不断提高金融监管水平。要认真研究地区金融适度竞争问题，合理规划网点布局，防止过度竞争。

3. 区域金融安全机制

构建区域金融安全机制既是金融生态环境建设中的一部分，也是巩固金融生态环境建设成果的重要举措。金融安全机制构建具体表现在三个方面：一是在政府领导下，由人民银行牵头建立预防辖区发生系统性金融风险的预警机制和处置预案。二是建立银行、检察、公安部门预防金融案件协调机制，严厉打击金融诈骗、破坏金融秩序、挪用金融资产、假币犯罪及各类非法金融活动，预防或制止金融抢劫案件。三是建立金融债权维护的政府督查制度，督促法院加大对金融案件的审理和执行力度，提高执结率。切实打击逃废银行债务行为。

4. 区域信用信息共享协调机制

目前，由于管理体制和现有法律法规建设现状等原因，各部门、各系统的信用信息收集与利用大多自成体系，没有形成合力。这不仅浪费了大量的资源，也大大降低了信息的利用价值。因此，地方政府应当组织辖区各部门构建一种协调机制，建立一个网络平台，向各系统征集信用信息，提高信息利用率。构建辖区金融信息披露共享机制，人行、银监局、经济部门及各商业银行要进行定期不定期磋商、互通信息，做到经济金融信息共享。要通过政府部门及社会各方面的共同参与，及时沟通内、外部建设情况，紧密协调，形成合力，对辖区金融生态环境状况进行全面评价。

(三) 制定适合当地经济社会发展的金融发展规划

地方政府应将地方金融业发展纳入地方经济社会发展规划，并根据经济金融发展实际，配套制定包括财税、土地、人才、业务发展等在内的金融业

发展支持措施。不仅为金融机构发展提供良好的政策环境,促进金融产品创新,丰富金融服务功能,而且要普及金融教育,提升居民的金融意识和金融知识水平。

充分发挥不同金融机构的各自优势。地方政府应针对不同类型金融机构的发展状况、业务特点和优势,采取不同措施,充分发挥地方银行、保险、信托、租赁、期货业的金融服务功能。鼓励各类金融组织在依靠各自比较优势进行充分竞争的同时,进行业务合作与融合。尤其是在开拓农村金融市场的过程中,既要发展农村信用社、村镇银行和小额贷款公司等小型金融组织,也要为大型金融组织下乡创造有利条件;既要大力发展信贷类机构,满足农村地区的信贷需求,也要鼓励保险、证券、期货等其他类型金融机构提供现代金融服务。

支持地方金融机构深化改革。地方政府应着眼于当地经济社会发展实际,不断完善金融组织体系,一方面,大力推广小额贷款公司、村镇银行、农村资金互助社等新型金融组织,增强金融市场活力,提高地方金融服务能力;另一方面,支持组建、引进或参股金融控股公司、商业性保险公司、基金管理公司、金融租赁公司和企业集团财务公司等,加快形成多元化的地方金融组织体系。

(四)加强金融信用体系建设,营造良好的社会信用环境

良好的信用环境是金融业持续发展的有力保证。地方政府应致力于改善本地区执法环境,消除地方保护主义,严厉打击逃废金融债务的行为;加快企业和个人征信服务系统建设,建立信用信息交换与共享平台;加快社会信用中介组织建设,大力发展信用服务业,为企业提供产权交易、财务代理、理财咨询、财务审计、资产评估、财务公证、贷款担保等中介服务,提升信用中介组织社会化、市场化服务水平。

政府要开展诚信宣传教育活动,提高公众信用意识。积极推进社会信用体系建设,加快统一的企业和个人信用信息基础数据库的建设,规范征信机构业务经营和征信市场管理,努力推进征信业的健康发展。继续开展“信用工程”创建活动,推动信用环境的根本改善。培育和规范多元化的信用主体,为中小企业开辟多种抵押担保形式。积极推进信用担保体系建设,由地方政府牵头组建符合县域经济需求的政策性担保公司,并鼓励建立民间出资的商业化担保公司和会员出资的会员制担保公司,分散和化解银行信用风险。同时,要健全对守信或失信行为的奖惩机制,使守信者从中获益,对

失信行为进行曝光和打击。

政府应当重视自身行政行为和工作作风，坚持依法行政，建设“诚信政府”；要尊重金融机构，特别是地方金融机构的依法自主经营权，维护金融机构的合法权益，支持金融机构依法维护金融债权工作，旗帜鲜明地打击逃废金融债务等违法行为；减少地方保护主义对金融活动的直接和间接干预，把支持金融机构加快改革和为金融机构发展创造良好的生态环境作为工作重点；加快本地区社会信用建设步伐，建设“诚信社会”，支持人民银行负责的全国和个人信用征信体系建设工作，推动本地区企业和个人征信体系建设，推动信用中介组织建设；加强政府、企业与金融机构间的信息交流与沟通。

第二节　破解政策障碍和信息传导障碍

文化产业信贷市场确实具有鲜明的特征：一是文化产业涉及面广、专业化程度高，外部市场缺少对其运作规律的公开信息。二是文化产业主要以知识、技术、创意作为生产资料，资产的实物保障度不高，且难以准确计量。三是知识产权作为贷款担保存在一定难度。因此，只有从政策和制度层面破解文化产业融资的障碍，才能加快文化产业金融服务发展。

一、破解外部政策障碍

前文所述，从国家到地方各级政府都高度重视文化产业的发展，相继出台了一系列政策、措施，全面谋划实施重点项目、打造龙头企业和知名品牌战略，苏州市正按照《苏州市人民政府印发关于加快苏州市文化产业发展若干政策意见的通知》《江苏省政府关于加快文化产业振兴若干政策的通知》等政策文件，加快对文化产业的政策支持力度，同时还建立文化产业投资引导基金、专项扶持基金、补偿基金等来促进文化产业的发展。但是，从总体来看，在资金规模、扶持范围、项目推荐等方面还需进一步完善。结合苏州市政府的政策意见，加大政府专项资金扶持力度，安排一定的政策性贷款用于发展重点和创新型的文化产业项目。将文化产业专项基金的扶持范围更多扩展到服务体系中，对文化产业发展具有重要作用的具备“公共产品”性质的文化产业基础研究、教育培训、行业标准和产权保护体系等进行同步的扶持引导，有利于文化产业的整体发展。

二、破解行业、部门间信息传导障碍

目前，企业—行业协会—政府—银行这一体系链条间的信息不对称是

制约文化产业金融支持的瓶颈之一。由于银企信息不对称，易引发道德风险和逆向选择的产生，政府对银企需求的了解，各类文化企业的发展前景、资信状况以及各类银行不同的政策支持均缺少共享平台来做到信息共享。这就需要政府或其服务机构充分发掘利用其人才资源、信息资源，借助公共信息平台建设及知识产权质押融资推介活动，搭建银企信息对接平台，增进银企沟通，促进信息流互动畅通，以解决银行和企业之间信息不对称的问题。政府还可通过此平台对企业进行资质审核及融资辅导，帮助文化企业改善财务结构，提升企业信誉及偿债能力，增强企业融资能力。

为此，金融机构应当进一步加强与文化部、市委宣传部、市文促中心、市文化局、市广电局以及各地方文化产业管理机构的合作，同时充分发挥交易所及行业协会等中介作为服务文化企业的纽带作用，将政府支持政策及时进行传导，并及时将市场反映出的需求、问题反馈给政府部门。银行机构应加强与风险投资公司、私募股权、专项基金等渠道的业务合作，采取"投贷一体化"运作模式实现金融扶持力度的倍增效应，同时加强与版权交易中心、产权交易所、行业协会等中介机构的合作，推进文化资产市场化进程，构建一体化金融服务体系，助推文化产业升级。

构建文化产业融资服务对接平台模式。人民银行可依托中小企业信用信息档案和个人信用信息基础数据库信息，搭建"文化企业—担保公司—金融机构"三方的沟通联系平台，实现融资信息共享，为文化产业发展提供全方位的信用信息服务，有效解决文化企业融资信息与金融服务之间无法实现快速对接的问题。同时，通过组织召开金融机构联席会议、金融支持文化产业座谈会等方式，向金融机构推荐文化产业发展的重点投资领域，让金融机构适度参与文化产业项目的前期考察、规划乃至后期开发的全过程，对重点文化项目的开发建设进行调研、论证，寻求最佳支持方案。人民银行系统还可建立和完善金融支持文化产业发展的专项统计制度，加强对文化产业金融支持的统计和监测分析，分析文化金融政策的落实情况。

第三节　完善文化金融公共服务

我国文化企业诚信状况、版权保护状况、合理授权使用方面仍然不尽如人意；版权质押的立法、执法、法律意识还欠缺；尚未达成行业共识的版权资产价值评估体系，缺乏权威性版权评估机构；版权交易渠道或交易体制尚未与市场对接;等等,这些问题都会极大地制约金融支持文化产业发展的积极性。因此,知识产权公共评估和交易体系的建立等文化产业发展环境的治理对于文化产业金融支持起着至关重要的作用。

一、加强知识产权保护

一是加强知识产权保护的法制建设。要积极推动相关立法工作,及时修改商标法、著作权法等知识产权专门法律及其实施条例,加大对侵权行为的制裁力度,提高侵权成本,降低维权成本。二是完善知识产权保护的政策体系,加大知识产权维权援助平台建设力度,完善知识产权举报投诉受理机制,建立健全知识产权预警应急机制,提高企业预防和解决知识产权纠纷的能力。三是探索建立更有效的知识产权行政管理模式,建立健全工作机制,增强工作透明度,充分发挥社会监督和舆论监督的作用。

二、加强知识产权公共评估建设

我国亟待通过加强知识产权资产评估建设,为发明人与投资人搭建有效对接平台,促进知识产权成果产业化水平。知识产权资产评估是促进知识产权成果产业化的关键一环。如果不能确定知识产权买卖双方之间形成合理预期,知识产权交易就难以达成,只有大力发展知识产权资产评估,努力克服知识产权交易的障碍,才能促进知识产权转化为现实生产力。

知识产权作为一种无形资产,其价值评估是一个复杂的技术问题,目前我国缺乏完善的知识产权评估制度,虽然制定了无形资产评估准则,但其可操作性弱。所以,我国需要建立专利技术、专有技术、商标及版权等各类知识产权的具体评估准则,设立权威评估机构,构建公共评估体系。从评估人员方面看,由于知识产权质押融资是一项专业技术性、综合性非常强的工作,所以应该广泛吸取在知识产权、金融、法律、技术、经营等相关领域有杰出造诣的学者、实务工作者的意见。通过召集各自领域内的专家,构建知识产权质押融资工作服务的专家库,以合理高效地对所质押的项目做出准确及时的评估,使其尽快融入市场,转化并发挥效用。

文化产业的评估难在许多项目是精神、思想层面的。相关资产评估机构可通过大量成功的案例收集数据,建立数据库,不断量化。无形资产、思想文化价值、风险都很难用单一数据表现,只有靠不断的数据积累、数据模型的更换和调整,来形成一个好的软件数据,同时加上专家评估的经验。必须依靠软件与专家评估二者的结合,不能只依靠其中的一方。

三、加强知识产权交易体系建设

建议加快研究制定知识产权等无形资产质押评估办法，扶持重点文化产权交易机构建设。完善知识产权评估与交易体系，如培育更多知识产权专业评估机构，培养一批知识产权评估的专业人才，并在知识产权变现环节和司法执行领域，进一步完善各类知识产权的相关法律法规，特别要完善登记、评估、转让、变现等环节的规定，提升文化企业利用知识产权等无形资产获得质押贷款的能力。同时，随着科技进步、知识更新速度的加快，具有更高效能、更新设计理念的新技术的出现，使原专利可能面临迅速贬值的危险。鉴于它的经济价值受市场影响大、缺乏稳定性，所以应该在评估过程中把商业风险考虑进去，加强风险管理，在评估中防范知识产权质押风险。

同时，推进交易平台的搭建，建设数据库。交易平台不仅能提供出让和受让信息、价格行情，提高交易效率，简化交易程序，还具有价格发现功能，同时也为监管创造了必要的条件。最为关键的问题是确保交易双方参与平台交易，这就要求平台设计有足够的吸引力，简化操作中各种手续环节，提高审贷速度，使交易双方通过平台操作利大于弊。使文化知识产权进入文化产权交易所进行交易，寻求合适的融资渠道。文化产权交易所的建立，不仅使交易过程公平、透明和便于管理监督，更重要的是可形成权威的文化资产评估体系。

四、搭建金融对接文化产业的公共服务平台

一是建立文化产业投资信息服务平台。政府有关部门可通过定期和不定期组织文化产业项目推介会或发布相关信息和动态数据等，为各种资本进入文化产业领域提供投资指引。建立文化产业信息交流服务中心，重点搭建文化企业信息平台，建设文化企业信息数据库，研究推出优秀文化企业评选标准，提供重点支持的文化企业名录，定期向金融机构推荐文化企业贷款项目，并通过建立咨询专家库，组建专家团队，着手开发适用于文化型中小企业的信用风险评估体系，在文化企业技术前景判断和知识产权评估等方面提供咨询。建立文化产业投资信息服务平台，吸引有实力的企业和民间资本投资文化产业，并为其提供信息支持。

二是设立成果转化服务平台。建立文化产业成果转化服务中心，促进文化成果转化和产业化，着力挖掘优质项目，与金融机构形成互动，建立项目信息汇集和跟踪管理的联动机制，提升转化项目对城市产业结构调整的引领作用。

三是设立金融联动服务平台。加大对金融联动服务的引导，联合包括创投企业、证券公司、基金公司、天使投资、风险投资、股票市场、垃圾债券市场、收购市场、再担保基金、创业投资母基金等在内的各类金融机构，建立文化产业金融服务战略联盟，借助专业研究团队，为文化企业提供综合性金融服务。

五、相关法律法规制度的完善

建议尽快完善版权、质押权等相关法律法规，特别要根据《物权法》《著作权法》等法律，加快对《版权质押登记管理办法》等相关知识产权法律法规的修订，完善对版权登记、评估、转让、变现等环节的规定，有效降低行政登记、审批繁琐以及多头管理所带来的效率损失，以利于金融机构从事相关知识产权质押贷款业务的开展，切实满足文化企业的贷款需求。

第四节　完善现有机构协调机制

一、交易所协调机制

首先要建立健全文化要素市场。国家、监管机构等有关部门牵头推动对融资性版权资产价值评估体系的建设，制定评估管理实施细则，达成行业发展共识的版权资产价值评估体系模型，为金融机构开展版权质押等金融创新提供较为统一、有效的计价工具扫清障碍。进一步推进知识产权交易市场化进程，为质押知识产权的处置变现提供高效的市场支撑平台，完善金融支持文化产业发展的路径。

其次，文化交易所搭台，实行市场引导，加强政府、企业和金融机构的衔接与协调，发挥市场中介的作用。在政府制定发展规划、选择重点开发项目时，应注意吸收金融机构参与评估论证，交易所作为中介应增强信息的透明度，积极向银行机构推荐好企业和好项目，加强政银企三方互动，完善银行与企业间的信贷沟通机制，要建立定期的政银企合作评价机制，评估多方合作效果，并有针对性地加以改进。进一步推进文化产业的市场化，推动建立知识产权交易市场，打通企业与银行评估、定价、转让的通道，形成持续性、战略性和全局性的文化产业发展氛围。

目前，苏州已有苏州市产权交易中心，可为文化企业产权交易提供服务。此外，苏州还有一家专业的文化交易服务机构——苏州长润文化产权交易服务有限公司。苏州长润文化产权交易中心营业大厅于2011年11月18日挂牌营业，这不但是苏州、也是江苏省第一个文化产业投融资平台，为今后苏州金融资本向艺术品文化产业注入开辟了全新的渠道。公司以“文化资本携手,财富品位共赢”的创新理念,落户沧浪科技产业园,营业面积5 800平方米,是苏州首家专业从事文化产权交易服务的机构。苏州长润文化挂牌营业后,将以文化物权、债权、股权、知识产权等各类文化产权为交易对象,依法开展政策咨询、信息发布、产权交易、项目推介、投资引导、项目融资、权益评估、并购策划等服务,为各类文化产权流转提供交易平台及专业服务,建设集投融资服务、文化企业孵化、文化产业信息交流和人才培训为一体的综合服务平台。该交易中心将充分发挥苏州地区的地域优势,整合各类文化资源,积极促进文化产业与金融资本的对接,打造苏州地区交易活跃、运作规范、金融机构参与度高、产品变现性能好的综合性文化产业要素市场,为文化企业和文化产品提供交易和融资服务。苏州长润文化产权交易公司已分别与华夏银行苏州分行、苏州银行、苏州太平洋产险、苏州人保财险共同正式签署战略合作协议。同时,浙江同一号投资有限公司、无锡金葵花投资管理有限公司、上海红瑟艺术品投资管理有限公司等七家会员单位首批加盟长润文化产权交易服务平台。开展文化金融活动的各类金融机构均有必要与文化产权交易中心签署战略合作协议。各地的文化产权交易中心应信息互通,可搭建全国性文化产权交易网络体系。

二、行业协会协调机制

文化行业协会是文化产业重要的协调交流组织,在文化金融支持的发展中,也起着不容忽视的作用。以行业协会的名义定期或不定期地举办文化重点项目或特色项目信贷融资洽谈会,定期交流文化产业发展信息,降低信息不对称程度,增加金融机构对文化产业发展的了解,协调支持金融机构适度参与企业项目的前期考察、总体规划与后期开发的有关过程,形成开发与信贷资金管理方面的长效合作机制。行业协会还能为金融机构提供专业意见和建议,弥补金融机构文化专业水平的缺陷,更好地促进融资项目的评估与选择,提高银企的合作效率和收益。

第五节 提供文化产业公共资金的支持

一、文化金融财政支持政策的思路

发展文化产业,离不开政府对文化产业的资金支持。文化金融不仅仅是一种市场主体的文化企业与银行等融资机构之间的市场融资交易活动,也是促进文化企业创新发展的必由之路,政府应建立长期稳定的文化金融政策支持机制。由于我国地区经济发展程度不平衡,文化金融发展存在较大的地区差异,因而在全国实现统一的文化金融支持政策存在困难且也无必要,但在省市一级实现政策上的统一是必要和可行的。完善文化金融财政支持政策的具体思路如下:

(1) 出台省级层次统一的融资财政支持政策,作为整个政策的基点,并且应考虑,由文化主管部门和金融主管部门联合,结合国家政策出台专门的文化金融财政支持的具体细则。

(2) 推动文化金融运作机制的创新,扩大文化金融和政策性支持的适用范围,包括对文化融资品种、融资担保方式和融资企业的适用范围,推动文化融资的担保机制创新,对知识产权与其他财产的组合担保等给予政策支持。

(3) 支持政策应具有全面性,既包括对企业的政策支持,也包括对银行等融资机构和中介机构的政策支持。对企业的政策支持,除了采取贷款利息补贴外,还应考虑对企业融资的中介担保、评估等其他费用的补贴,以减轻融资负担。机会优先政策也有必要继续维持。建立金融机构的财政支持政策,激励银行等多种金融机构融资的积极性,有效分散融资风险。

(4) 对中介机构的政策支持不应仅限于担保机构,还应包括评估机构和律师事务所等。应培育具有权威性的资产评估机构,鼓励当地评估机构参与文化金融,推动和提高知识产权评估机构的能力和水平。

(5) 推动和鼓励保险机构、再担保机构参与文化的风险分担机制,有针对性地开发包括责任保险、保证保险、信用保险等在内的多种类型的保险产品,给予保险公司以经营费用补贴和风险补偿政策支持。

(6) 推动文化金融的探索,促进证券、信托、风险投资等文化融资机制的开展,对证券机构、信托机构、风险投资机构给予文化融资的政策支持。

二、文化产业公共资金杠杆化途径

文化产业的发展离不开财政资金的支持,要想放大资金的效果就要充分发挥财政资金的杠杆效应,以促进投资主体和渠道的多元化,带动银行、金融机构、社会资本的有效投入,以构建完善的文化产业投融资体制。有限的财政资金要充分发挥其杠杆作用。对符合产业发展规划、具有龙头带动作用的文化企业或项目,从政府设立的文化产业发展专项资金中给予银行贷款贴息支持、项目补贴和补充资本金,对新增文化产业贷款或担保代偿形成的损失给予风险补偿。同时,财政资金还可以设立文化产业引导基金,推进文化产业园区建设,扶持重点文化企业和文化产业项目。具体而言,要更好地发挥文化产业公共资金杠杆化的作用,需要注意以下方面:

一要优化管理体制。引导基金通过国有文化企业特别是具有投融资背景的国有文化企业平台运作,在专业管理、激励机制、保值增值、公司治理以及政策贯彻等方面都有优势。同时,为履行好出资人权益,引导基金投资方可派驻产权代表进驻基金投资公司,主要监督基金投资的目标方向、经营模式和重大财务决策等事项,以及是否有违反协议的投资决策和执行行为。

二要理顺运作机制。为确保引导基金科学决策,应成立专业委员会和专门监督机构,建立健全激励约束机制,创新投入方式,约束投资范围。

三要拓宽运作模式。在采用参股等方式的同时,拓宽引导基金运作模式,特别是尝试融资担保模式,提高引导基金的使用效率和使用频率。建议由政府牵头出资,吸引社会投资参股,建立文化创意产业风险投资基金,或成立文化创意产业风险投资公司,用于对中小文化创意企业进行项目开发和创业投资的专项资金支持。在这方面,有些省市已先行,如上海市委宣传部和浦东新区人民政府共同发起设立了东方惠金文化产业投资基金;陕西省政府、西安市政府、延安市政府和省投资集团共同建立了陕西文化产业投资控股有限公司。这种新型的文化产业投资基金是将管理交由市场化运作的风险投资公司或文化产业基金管理公司,具有资金来源多元化和带动产业升级的双重杠杆作用。引导基金作为新型文化产业投资基金的母基金,参与的比例一般不超过20%,投资于国家和政府鼓励和支持发展的文化产业,通过引导基金参股资金不以盈利为目的和降低投资项目损失风险的作用,吸引社会资本参与新型文化产业投资基金的建立,因此可以发挥至少5倍杠杆作用。

四要健全退出机制。采取上市、回购、并购等方式,健全引导基金退出机制,保障资金循环利用。可采取投资组合持续性策略。项目选择、调查评估、投资后整合一直到实现经营成果都需要一定的时间。文化产业不同于其他行业,而且处于不同价值链的企业都有不同的生命周期,因而进入后持有的时间长短也有所不同,采用这种策略就是为了保证项目投资的持续性和投资退出的持续性,另外也需要和基金存续期相配合。

五要强化风险控制。通过引入民营资本作为投资股东,避免或减少寻租风险;通过引导基金出资者派驻产权代表成为基金投资公司的董事,避免或减少委托风险；通过明确基金投资管理公司与基金投资公司的产权关系，避免或减少管理风险。文化企业的发展同样要经历初创、发展和成熟期，处于不同阶段的企业其风险和收益比不同。新型文化产业投资基金投资要有科学的阶段投资分配，采取行业周期投资组合策略。过于激进，对初创期企业投资配置过多可能会使投资巨亏，损毁基金名誉；过于保守，对成熟企业配置过多则可能会使投资收益表现平平，难以获得持续的客户和基金竞争力。因而对不同阶段的文化企业投资分配也应有一个合理的、科学的组合，和持续性组合策略配合，以稳定企业现金流量，同时能最大化投资回报，减少投资风险。

六要建立有效的产权交易平台和场所，不断健全和完善文化产业投融资体系，使资金更好地流动，更好地促进对创意文化企业的投资。

七要加强合作服务，引导基金出资监管者要用对等的市场主体身份，与社会资金投资者处理相互合作关系。政府要运用自身资源，收集更多的文化产业和文化企业信息，为基金投资者提供信息服务，吸引更多的社会资本进入，从而扩大引导基金的杠杆放大倍数。

三、文化产业公共资金支持效率的评估

财政资金是有限的，有限的公共资金投入到文化企业中也要讲求效率，效率评估中应将文化产业政策和公共资金的使用相结合。评估的内容应关注两个重点：一是重点关注文化产业扶持政策前后的效果对比，特别是规划性政策、文化体制改革、财政税收优惠、融资贷款担保、文化产业园区运营管理、文化市场管理、公共文化服务、人才引进、资金扶持等方面，不适应客观需要的应及时废止，存在管理真空、配套政策不到位的应根据客观形势的发展及时修订，政策之间相互矛盾的应及时征求部门意见进行修改。在对现行政策评估的过程中，有些空白点如社会保障、国有土地、工商、知识产权保护等方面的创意产业政策还要着力完善。二是产业资金的效用。文化产业发展专项引导资金若能顺利设立，评估主体应从目标标准、投入标准、公平与公正标准、效率标准、经济效益、社会效益以及受资助企业的发展创新能力等方面着手，既有业务评价指标，即项目管理、项目完成程度、所取得的经济社会效率等，也有财务评价指标，即资金落实、支出情况以及财务管理状况等，以确保资金使用效率和效用，防止资金使用浪费、效率低下。由于文化创意产业中的部分项目属于导向型，应更看重社会效益和社会影响，以起到带头示范的作用。

在文化产业引导资金投入的项目实施过程中，各级文化主管部门应会同财政部门加强对补助项目的跟踪管理和督促检查，建立项目定期报告制度，积极协调解决项目执行中遇到的困难和问题，确保引导资金的专款专用，积极发挥对文化产业的引导作用。项目完成后，可由党委和政府主导部门联合组织由相关部门负责人、专家、中介机构、人大、政协等多方参与的第三方评价体系进行绩效评估，县区投入文化产业引导资金也可参照此方法进行。

本章附录一

苏州市金融支持文化产业发展的实施意见

为贯彻落实中宣部、中国人民银行、财政部、文化部、广电总局、新闻出版总署、银监会、证监会和保监会九部委《关于金融支持文化产业振兴和发展繁荣的指导意见》[银发(2010)94 号]，充分发挥金融在支持文化产业发展中的重要作用，推进苏州文化产业进一步跨越发展，现结合我市实际提出如下意见。

一、建立支持文化产业发展的金融体系

1. 推进金融业与文化产业的有效对接。积极引导金融部门把支持文化产业发展作为一项重要战略任务，加大金融支持文化产业发展的力度，借鉴国内外金融支持文化产业发展的成功经验，在做好风险防范的前提下，大力创新和开发适合苏州文化产业特点的融资产品和融资方式，支持我市文化产业加快发展。

2. 建立财政资金促进文化产业发展的有效途径。加大政府资金投入，建立由政府主导的文化产业发展专项扶持资金、文化产业担保基金和文化产业投资引导基金三个方面组成的苏州市文化产业发展资金，促进文化产业发展。经过 3 ~5 年努力，力争文化产业担保基金和文化产业投资引导基金规模达到 2 亿元和 10 亿元以上。

3. 加大对符合产业政策导向企业的引导。文化产业担保基金对符合有关条件的文化企业，在发生担保贷款损失时，按一定比例予以代偿；对通过担保公司取得的银行贷款，给予其实际支付担保费用的 30% 补贴，最高可达到 100 万元。文化产业投资引导基金将以股权、可转换债券及法律法规允许的其他方式对文化产业进行投资，单个项目的投资额控制在其注册资本 20% 以内。

4. 利用信贷、保险、证券、创投等多层次金融市场资源支持文化产业发展。鼓励创新信贷产品,完善金融服务,扩大直接融资规模,培育文化产业保险市场,研究制定支持文化产业发展的多元化、综合化金融服务措施,建立和完善金融支持文化产业发展的配套机制,搭建高效的文化企业融资平台。

二、加大对文化产业发展的信贷投入

5. 加强对重点文化企业的信贷支持。引导金融机构对列入《苏州市文化产业重点企业名录》的文化企业优先给予贷款支持。对承担本行业共性技术研发、市场推广等公共服务平台建设的文化企业申请贷款的,可以给予适当的信贷优惠。引导金融机构对创意设计业、文化旅游业、印刷复制业、工艺美术业、数字内容和动漫业及会展广告业等行业创新、研发提供融资贷款,符合条件的可享受优惠利率。

6. 加强对重点项目和园区(基地)的信贷支持。引导金融机构对市级以上文化产业重点项目优先给予信贷支持。对融资规模较大的文化产业项目鼓励商业银行通过联合贷款、银团贷款等方式提供金融支持。对文化产业园区(基地)内的基础设施、环境整治和服务平台等公共设施工程建设,在符合信贷原则的情况下,信贷资金给予优先支持。政府安排专项资金予以支持的文化产业园区(基地)的基础设施建设,各银行可适当增加信贷支持额度。

7. 加强对中小文化企业的信贷支持。扩大扶持有潜力、有前景的中小文化企业贷款规模。支持金融机构加强与融资担保公司的合作,扩大对中小文化企业的贷款担保规模。鼓励金融机构依托国家级、省级和市级文化产业园区(基地)探索发展中小文化企业联保联贷产品。支持金融机构对于具有优质商标权、专利权、著作权等知识产权的企业,通过权利质押贷款等方式,逐步扩大收益权质押贷款范围。

8. 加强对文化消费的信贷支持。鼓励金融机构根据文化消费特点,创新消费信贷产品,积极开发分期付款等消费信贷品种,扩大综合消费信贷投放。完善银行卡消费环境,积极推广娱乐、广播影视、新闻出版、会展旅游、创意设计、艺术品交易等行业的刷卡消费。

9. 支持文化产品和服务"走出去"。金融机构要积极为有条件到境外投资的文化企业提供必要的融资、担保和咨询服务,开发促进文化产品和服务出口的信贷产品,帮助解决文化产品或服务出口所需的流动资金贷款。对列入《国家文化出口重点企业名录》、在国际文化市场上有竞争力和发展前景的重点项目和重点企业优先给予贷款支持,在外汇收支方面提供更多便利,并积极帮助企业规避汇率风险,为大力发展文化服务贸易提供金融支持。利用我市的资源、产业和人才等方面的优势,大力推进文化产业服务外包发展。

10. 完善对文化企业的信贷服务。支持金融机构制定明确的文化产业授信政策、信贷目标和实施计划。鼓励金融机构在文化产业园区(基地)设立营业机构,为企业办理金融业务提供便利。支持金融机构根据文化企业、文化项目实际情况,建立灵活的贷款机制,科学合理确定贷款期限。推动金融机构根据文化企业的特点,设计内部评级指标体系和服务考评体系,建立和完善文化企业信用评级和信用评分制度。

三、积极推进对文化产业发展的综合金融服务

11. 鼓励开发适合文化产业的贷款担保和贷款保证保险产品。鼓励支持担保、再担保机构、保险公司提供融资增信、信用增级服务,有效解决文化企业可供抵押的担保物较少、无形资产评估难、银行融资难等问题。建立健全我市文化产业贷款担保工作机制,多渠道探索解决文化企业融资担保难问题。支持文化企业共同组建文化产业贷款担保公司,通过部分企业的资产联合,为企业获得信贷支持提供担保。

12. 培育和发展文化产业保险市场。对于我市重点扶持的文化企业和文化产业项目,保险公司应探索开发适合文化企业特点和需要的保险产品和服务,建立承保和理赔的便捷通道。对于信誉好、风险低的文化企业,可实行差别化费率,适当下浮。对符合国家政策支持的外向型文化和企业项目,保险公司应积极提供出口信用保险产品和服务。在风险可控的前提下,鼓励支持保险公司参与优质文化企业的债权和股权投资项目,引导符合条件的保险公司参与文化产业投资基金。

13. 鼓励发展多渠道、多形式的融资方式。对于符合发债条件的企业,积极鼓励、支持其运用企业债、公司债等债务工具进行融资。探索中小文化企业通过集合增信发行中小企业集合债。通过政府注资、吸引金融资本参与等方式,进一步提高各类文化投资机构的实力。鼓励设立文化小额贷款公司。

14. 积极推进文化企业上市工作。支持处于成熟期、经营较为稳定的文化企业在主板市场上市,支持处于成长期、发展前景广阔的中小文化企业在创业板、中小板上市。支持金融机构在符合监管要求的前提下投资文化企业债权和股权,参与面向文化产业的股权投资基金。切实推进风险投资基金、股权投资基金与文化企业对接。

四、营造金融支持文化产业发展的环境

15. 建立协调推进和信息沟通机制。由市文产办、市金融办牵头建立金融支持文化产业发展的联席会议制度。建设苏州市文化产业重点企业和重点项目库,并做好动态更新工作。定期召开政银企洽谈会,通报产业政策、产业发展和重点项目建设情况,组织文化产业项目和企业与金融机构进行对接。支持金融机构建设文化产业信贷评审专家团队。建立文化企业金融顾问和金融服务辅导机制,由金融机构选派业务骨干担任文化企业金融顾问,及时向文化企业宣讲相关的信贷政策、创新产品并为文化企业定制合适的融资方案。

16. 建立科学合理的督促评估机制。金融主管部门要主动与市文产办、市金融办沟通,及时掌握文化产业规划、重点项目的审批和实施进度及融资需求状况,引导金融机构加大对地方重点文化产业项目的支持力度,不断提高文化产业信贷份额。探索将文化产业信贷投放情况逐渐纳入信贷政策导向效果评估框架,强化银行业金融机构对文化产业信贷政策的认识水平和执行力度。同时,加强对文化产业贷款的统计与监测分析,及时总结和推广金融支持文化产业发展的有效方式和途径,并向上级行报告。

17. 建设高效的金融服务和考评机制。我市银行业金融机构应在"政府引导、市场运作、财政扶持、风险共担、持续经营、多方共赢"的原则下,强化金融服务与创新。支持银行业金融机构加强与融资性担保公司的合作。支持金融机构根据文化企业、文化项目实际情况,建立和完善信用等级和信用评分制度,建立灵活的差别化定价机制、尽职免责和正向激励机制,适当提高对中小文化企业不良贷款的风险容忍度。探索建立文化产业贷款风险补偿机制。

18. 发挥好文化产权交易及相关的服务功能。探索研究设立知识产权交易和评估机构的可行性,建立符合市场需求的交易体系,积极在"文化+科技+创意"等领域探索推出标准化、类证券化的文化交易品种,为文化企业的无形资产评估、银行信贷、无形资产入股、转让等专业咨询和知识产权拍卖、信息发布等提供"一站式"服务,促进知识产权转化为真正意义上的资本,为文化企业充分利用手中的无形资本进行融资创造条件。积极探索建立为文化产业发展提供服务的担保公司、咨询公司、评估机构等金融中介机构。

19. 完善金融支持文化产业发展的环境。进一步加强发展文化产业的组织领导。各金融主管部门要积极引导金融机构加快体制、产品和服务方式创新步伐,并同时向上级机构提出有利于发展我市文化产业的货币信贷政策和金融监管建议。

20. 加强文化企业自身建设。文化企业特别是中小文化企业要不断完善法人治理结构和经营管理机制,按照国家法律规定和银行信贷要求建立健全财务制度;高度重视企业信用建设,切实加强信用管理,努力建立良好的信用记录,切实提高信用意识和信用水平,积极成为合格的信贷市场主体,为取得金融部门支持创造良好的条件。

市委宣传部

市政府金融工作办公室

市财政局

市文广新局

人民银行苏州市中心支行

银监会苏州监管分局

保监会苏州监管分局

2010 年 12 月

本章附录二

金融"输血"文化产业 推动其快速发展

来源:苏州日报　　　2010 - 12 - 23

为推动苏州文化产业的快速发展,实现金融和文化产业的对接,昨天,我市召开金融支持文化产业发展推进会,会上公布了《苏州市金融支持文化产业发展的实施意见》《苏州市文化产业担保基金管理办法》。市委常委、宣传部长徐国强出席会议并讲话,副市长王鸿声主持会议。

近年来,苏州文化产业走出了一条规模化、集约化、特色化的发展道路,中国工艺文化城、诚品书店、光华文化创意产业园、胥江一号、苏报集团印刷数字化产业园等一批影响力、带动力大的项目纷纷落户开工,全市已有重大项目 95 个,总投资 584 亿元。文化产业整体实力显著增强,在全市经济中的比重逐年增加,已成为我市经济社会协调可持续发展的新动力。与此同时,中小文化企业普遍存在融资难问题,为此,市文广新局、市金融办、市财政局等积极推动金融机构支持文化企业发展,采取构建政策体系、发挥财政资金杠杆作用、搭建融资平台等措施,在文化企业和金融机构间架起桥梁。

昨天公布的《苏州市金融支持文化产业发展的实施意见》,就建立支持文化产业发展的金融体系、加大对文化产业发展的信贷投入、积极推进对文化产业发展的综合金融服务、营造金融支持文化产业发展的环境等提出了明确意见。其中明确,在做好风险防范的前提下,将大力创新和开发适合苏州文化产业特点的融资产品和融资方式;加大政府资金投入,建立由政府主导的文化产业发展专项扶持资金、文化产业担保基金和文化产业投资引导基金三方面组成的苏州市文化产业发展资金,力争经过 3 至 5 年努力,文化产业担保基金和文化产业投资引导基金规模达到 2 亿元和 10 亿元以上。此外,重点文化企业、重点项目和园区(基地)、中小文化企业、文化消费、文化产品和服务"走出去"等将得到更多信贷支持。

徐国强指出,发展文化产业意义重大,这不仅在于文化产业对于经济发展有着重要的支持作用,更在于发展文化产业对于经济结构调整、转型升级有着重要意义。如果说科技、创意是支持文化产业发展的"头脑",金融就是支持文化产业发展的"血液",要优化金融支持文化产业的外部环境,要创新服务方式、创新服务产品。同时,也要鼓励文化企业走多渠道融资道路,例如通过上市等进行直接融资,吸引多种资本投入文化产业等。

会上,市文广新局与工商银行苏州分行签署了《支持苏州市文化产业发展战略合作备忘录》,工行苏州分行将给予 100 亿元的信贷额度,支持苏州文化产业发展,支持优质项目,优化服务。市文广新局等还与苏州农业担保公司签署了苏州市文化产业担保基金合作协议,帮助苏州市区内符合产业政策的文化企业解决融资难问题,分担商业银行贷款风险,增强对文化企业和项目的支持信心。除工商银行苏州分行与市文广新局签署《支持苏州市文化产业发展战略合作备忘录》外,工商银行苏州分行、中国银行苏州分行、中信银行苏州分行等还与苏州部分文化企业签订了融资协议,苏州农业担保公司也与相关企业签署了贷款担保协议。

第九章

文化产业金融支持的风险与防范

文化产业的复杂性决定了其面临的风险构成复杂,且行业差异大。文化产业面临的风险,既包括政策风险、经济风险、社会风险、市场风险、自然风险等外部风险,也包括管理风险、技术风险、创意风险、知识产权风险等内部风险。文化产业的金融支持与服务创新在我国处于起步与探索阶段,所以要在充分认识文化金融风险特点的基础上,做好文化金融的风险防范。

第一节　金融风险概述

一、金融风险与金融脆弱性

(一) 金融风险的概念

所谓金融风险,就是指在资金的融通和货币资金的经营过程中,由于各种事先无法预料的不确定因素带来的影响,使资金经营者的实际收益与预期收益发生一定的偏差,从而有蒙受损失和获得额外收益的机会或可能性。金融风险与一般意义上的风险概念有很大区别。从内涵来说,金融风险的内容要比一般风险的内容丰富;而从外延上来看,金融风险要比一般风险的范围小得多,仅限于发生和存在于货币资金借贷及经营过程中的风险。

金融风险是存在和发生于资金的借贷及经营活动中的风险,因此,只要进入货币经营这个领域,金融风险就随之形成并有可能成为实际的风险。而现代经济活动货币化程度越来越高,经济活动常常与信用联系在一起,金融成为现代经济生活的核心,所以现代经济活动中发生金融风险损失的可能性越来越大。

(二) 金融脆弱性

金融脆弱性一般定义为:金融业固有的高负债经营特征使金融业易受到监管疏漏、道德风险、经济周期波动、国内外经济环境变化的冲击导致金融危机、债务危机、企业破产、物价飞涨或通货紧缩、失业等的一种性状。Minsky,Hylnan P.（1964、1995）对金融脆弱性曾提出如下两个假定：第一是,加速的产量增长导致企业负债增长,与此同时,银行提供了信贷扩大的需求性贷款,由于在经济高增长时期,大量的投机性借款增加,金融的强健性恶化,导致了脆弱性。第二个假定是,债务支付的困难与导致不稳定的金融体系进入一个债务紧缩的过程,从而导致一个经济衰退的商业循环。Minsky 和 Hylnan P. 关于导致金融脆弱性的原因主要是从以美国为代表的资本主义经济固有的周期性来解释的,即使是一个封闭的经济也存在金融脆弱性。与其他概念一样,金融脆弱性一词的含义也在不断变化,从封闭条件到开放条件,决定金融不稳定的因素越来越多,金融脆弱性一词的外延也自然扩大,有学者提出了外部金融脆弱性的定义。外部金融脆弱性是指由于国际收支失衡、汇率高估等原因可能导致汇率贬值,从而可能引发货币、银行危机的一种金融状态。

二、金融风险的特点

（一）金融风险的发生具有客观性与必然性

金融风险的客观性是指,股市行情的下跌、外汇汇率的变动、银行的倒闭与股份公司的破产等事件的发生,均是独立于资金借贷者和资金经营者的主观意识之外的一种客观实在。如果从一个较长的时期来分析考察股票价格、外汇汇率的变动轨迹及某银行及股份公司的经营管理状况,就必然会得出上述结论,这是金融风险的必然性。

（二）金融风险的产生具有偶然性和不确定性

我们并不能确切知道风险在何时、何地、以何种形式出现,其危害程度、范围如何。这是因为风险损失所引起的损失后果往往是以偶然和不定的形式呈现在人们面前的。也就是说,金融风险的产生完全是一种偶然的、不确定的组合结果。金融风险是作为一种具有发生和不发生两种可能的随机现象而存在的。在一定条件下,人们可以根据经验数据的统计发现,某一风险的存在和发生的可能性具有较规则的变化趋势,这就为人们预测与防范金融风险提供了可能性。

（三）金融风险的发生具有可变性

金融风险发生的可变性是指金融风险在一定条件下可以转化的一种特性。其有两层涵义：一是由于人们识别金融风险、控制风险能力的增强,就能在一定程度上降低风险发生的可能性和降低风险所引起的损失范围、程度。二是由于现代科学技术的飞速发展及其应用，它在给人类带来繁荣的同时，也给人类带来新的风险和新的损失机会，使得金融风险可以在几秒钟内产生并迅速蔓延。例如，1995年英国巴林银行倒闭案中，如果没有目前先进的电子通信技术，交易员里森就不可能在新加坡炒作日经指数，从这个角度看，他就不会使巴林银行很快倒闭。

在经济周期波动和金融体系的内在脆弱性的双重作用下，经济金融中积聚着爆发金融危机的能量——金融风险和泡沫经济，在一定条件下，它们就会突然大量地释放出来，通过量变到质变，就使金融风险和泡沫经济转化为金融危机。金融危机是金融风险的集中爆发。由于金融活动不但涉及生产和流通领域，而且还部分涉及分配领域和消费领域，因此，一旦金融风险集中爆发，就形成对经济造成巨大损失的金融危机，其波及范围会覆盖社会再生产的所有环节，从而影响社会再生产的顺利进行和经济的持续增长。要防止金融危机的爆发，就要分析潜在的金融风险，采取措施有效地识别与化解金融风险，使金融风险的产生及损失尽可能降到最低点，这样做才不至于酿成危及国家经济安全的金融危机。

三、金融风险的类型

按照不同的标准，可以对金融风险进行如下分类：

1. 按照金融风险的涉及范围来划分，可以分为宏观金融风险与微观金融风险

微观金融风险是指某一个经济实体在其筹措资金和经营资金的过程中，存在与发生的风险。宏观金融风险是指一国范围内所有微观金融风险的总和。

2. 按照金融风险的承担者来加以划分，可分为国家金融风险和经济实体金融风险两种

政府以国家代表的身份来承担金融风险时，这种金融风险即被称为国家金融风险。经济实体金融风险则是指，由包括居民个人、企业、银行、非银行金融机构、政府（以经济实体身份出现时）等在内的经济实体来承担的金融风险，它与微观金融风险相对应，而前者则与宏观金融风险相对应。

3. 按照金融风险产生的根源进行划分，可以分为客观金融风险与主观金融风险

前者指由于自然灾害、经济政策、政治因素、科学技术的发展等一系列客观因素所带来的金融风险。例如，由于严重的自然灾害使得农业生产大

幅度减少,农场主亏损严重而无法归还银行贷款,从而使银行蒙受了较大的金融风险。后者是指资金借贷者与经营者因其自身经营管理不善或受投机因素的干扰,或因自己心理预期的失误等因素所引起的金融风险。例如,因证券市场上的投机大户操纵行情而引起的金融风险等。

4. 按照金融风险的对象来划分,可以分为银行业风险、外汇风险、证券市场风险、债务风险、保险风险等

这是金融风险最基本的一种分类方法。下面主要根据这种分类方法详细介绍文化产业金融风险的构成及其原因。

第二节 文化产业金融支持的相关风险

一、商业银行对文化产业金融支持的主要风险

文化产业自身的复杂性决定了文化产业金融支持所面临的风险构成也相当复杂,位于文化产业链不同层次的企业面临的主要风险也各异。例如,出版业面临着较大的火灾及自然灾害风险;动漫行业面临着很大的创意和知识产权风险;文化艺术品行业面临着较大的盗抢风险;影视行业面临着政策风险等。商业银行在文化金融中要关注以下主要风险:

(一) 政策风险

文化产业跟普通的商品、消费品、制造业、服务业不一样,其意识形态管理控制的特点非常明显,因此,得到政策的支持,并且获得一些具体形式的相关许可显得非常重要。例如,文化企业中视传媒公司的部分代理广告曾遭停播的风险。中视传媒 2011 年 10 月 25 日发出公告,接播出机构通知,根据国家广播电影电视总局下发的《关于进一步加强广播电视广告播出管理的通知》要求,公司代理的中央电视台一套、八套晚间电视剧栏目片尾标版广告于10 月 25 日起停止播出。2011 年 10 月下旬国家广电总局颁布《广电总局将加强电视上星综合节目管理》的文件(俗称“限娱令”),提出从 2012 年 1 月 1 日起,34 个电视上星综合频道要提高新闻类节目播出量,同时对部分类型节目播出实施调控,以防止过度娱乐化和低俗倾向,以满足广大观众多样化多层次高品位的收视需求。在文件中,涉及的电视台很多,涉及的电视节目更多。文件对节目形态雷同、过多过滥的婚恋交友类、才艺竞秀类、情感故事类、游戏竞技类、综艺娱乐类、访谈脱口秀、真人秀等类型节目实行播出总量控制。政策出台的目的,是把社会效益与电视台利润平衡

起来,坚持社会效益和经济效益的有机统一。“限娱令”的出台使得一些电视台收入大幅减少,如果一些影视作品不能如期在市场中运行以获取预期的经济效益,影视制作文化企业的收入下降也会影响到文化项目贷款的正常清偿。

(二)市场风险

市场风险是最基本的风险,文化产品是否符合市场的需求、能否得到市场青睐的不确定性很强。特别是文化创意产业,是事关人们精神、愉悦、体验、感情的一种商业形态,其市场稳定性差,文化创意产品的市场价值变化很大,受经济周期、市场环境、心理因素等多方面因素的综合影响。

(三)法律风险

文化金融中知识产权质押贷款方面的风险尤为突出。目前我国知识产权的保护力度不断加大,并取得了明显成效。然而,企业诚信状况、版权保护与侵权状况、合理授权使用方面仍然不尽如人意,同时,法律环境还有待进一步完善。如现有《著作权法》中的著作权包括财产权和人身权,著作权质押的只是财产权而非人身权,这样给著作权质押带来风险,如果著作权在署名、发表权方面有疑义,财产权质押难以最终获得经济效益。还有《质押合同登记办法》在表述上和《物权法》还存在差异,版权质押的立法、执法、法律意识还存在制约,阻碍了金融机构相关版权质押贷款业务的开展。由于知识产权具有无形性、地域性和时间性的特征,在贷款业务操作中主要面临着估值风险、贬值风险、处置变现风险等,致使知识产权质押贷款业务拓展困难。我们对这三类风险进行以下重点分析:

第一,估值风险。知识产权价值的评估直接关系到质押的设定及实现。知识产权客体并非物质,其产生过程具有独特性与唯一性,价值只有通过先进的评估技术才能确定。然而,目前我国虽然对无形资产评估制定了总体标准,但操作性较差,对于特性差异显著的专利技术、商标和版权等各类知识产权没有制定单独的评估操作细则,缺乏具体的量化标准,评估过程带有很大的随意性,很难进行准确的价值评估。同时,目前知识产权评估行业不成熟,执业人员素质参差不齐,权威评估机构奇缺,加之对评估机构缺乏诚信监督,一些评估机构与贷款企业恶意串通,人为抬高知识产权评估价值,这些都在一定程度上影响了知识产权评估的质量和可信度,致使评估结果难以得到银行认同。

第二,贬值风险。虽然法律规定知识产权有一定的保护期,如商标权保护期为10年,专利权为20年,著作权为50年,但由于知识产权的经济价值具有不稳定性，随着科学技术不断进步和市场需求变化，一项知识产权的经济价值很可能在法律保护期满前已发生较大减值，甚至完全丧失原有的经济价值。对于知识产权这种因自身特性而可能产生的风险，商业银行往往难以有效防控。

第三，处置变现风险。与传统的不动产抵押相比，知识产权的流动性较差，因而处置起来相对困难。特别是在现阶段我国知识产权保护意识普遍不高、知识产权交易市场狭小的情况下，知识产权的流转范围和交易对象相对有限，加上拍卖、转让、诉讼及执行的交易成本较高，处置尤为困难。一旦企业不能按期偿还贷款，商业银行难以像处置不动产那样，迅速通过拍卖、转让等方式收回资金。

一些商业银行开始尝试商铺租赁权（使用权）质押贷款，这种新型贷款对于商业银行而言是创新与风险并行。文化创意产业园或文化地产中的"商铺使用权质押贷款"，就是商户把自己租来的商铺的使用权质押给银行，获得一定额度的贷款。这是一种创新贷款融资模式，它并非像普通模式一样，商铺业主将自己的"产权"或者"租金收益权"质押出去，而仅仅是租户将"使用权"质押出去。租户采取这种方式融资，并不影响业主（产权所有者）收取租金，产生不良贷款业主也不承担任何责任。在贷款不能收回的情况之下，银行则将商铺使用权收回，转让给他方。原本归该租户所得的商铺"转手费"，就归银行所得，用于抵偿债务。因而，业主可以继续向新的租户收取租金，避免银行损失。但依据《中华人民共和国物权法》《中华人民共和国担保法》《中华人民共和国合同法》等相关法律之规定，以租赁经营权作为质押标的，在法律上尚无明确认可。将租赁经营权转让协议作为担保措施来应用存在一定的法律风险：根据《中华人民共和国物权法》第五条确定的"物权法定"原则，物权的种类和内容由法律规定，单位及个人不得创设。而租赁经营权尚无法律规定可以作为质押标的物。

在租赁经营权不能作为质押标的物的情况下，为了实现对商铺租赁经营权交换价值的控制，担保公司与借款人订立租赁经营权转让协议，以期在代偿之后直接受让该商铺租赁经营权，以抵偿自己代偿的款项，如此约定，仍然存在一定的法律风险。原因如下：首先，租赁经营权毕竟是基于债权性质的租赁合同而产生，租赁合同是否得到履行在很大程度上依赖于出租人是否履行房屋出租合同，若其不履行出租合同，因承租该商铺而发生的经营利益无从保障。其次，租赁经营权约定在代偿后进行转让，若原承租人不予配合，法院很难判其继续履行合同——转让租赁经营权。若如此，作为受让人的担保人希望取得该商铺经营权的预期很难实现。最后，租赁经营的商铺即便是顺利转让给担保人，商铺所有人是否同意担保人继续进行转让或转租将对担保人能否收回代偿资金具有关键性影响。

二、知识产权质押融资风险分析

在对文化产业的金融支持中，知识产权质押融资是重要的融资方式，其融资风险需要特别分析。知识产权质押融资是指企业以知识产权为担保标的，向金融机构贷款，如果企业到期不能清偿贷款，金融机构有权处分其担保物，而使其债务优先受偿的一种融资方式。知识产权质押融资涉及的主体有政府、企业、银行、资产评估机构和担保公司等。金融机构关注的是知识产权质押的价值及其变现性，而知识产权自身的特点决定了其质押的高风险性，知识产权质押融资存在着法律风险、评估风险、质权处置风险、经营风险等诸多风险。知识产权质押融资风险成因如下：

（一）知识产权价值的高度不确定性

首先，影响知识产权本身价值的因素难以估计。知识产权可能给权利人带来比实体财产更加巨大的财产价值，这已经得到了广泛的认可。但是，对知识产权本身的价值如何确定却是一个争议很大的问题。虽然知识产权价值的评估方法已经在实践中得以应用，但是评价所涉及的因素各不相同，国际上大多数知识产权学者的著述及政府法规在论及知识产权评估时，均只涉及评估原则、评估特点、评估条件等，从不涉及“评估公式”。目前，尚无统一的评价体系对知识产权价值进行客观评价。2008 年，在财政部和国家知识产权局的指导下，我国资产评估协会制定了《资产评估准则——无形资产》和《专利资产评估指导意见》，并于2009 年实施，但是对于著作权和商标权的评估指导意见仍在征求意见过程中。

具体而言，专利权、著作权的价值除了与自身的创新程度相关外，还受到知识产权产品的市场运作、权利人经营能力等因素的影响，而商标权却与商标本身的创新程度无关，只要求商标具有区别性，但商标的价值与企业的信誉以及对产品的经营理念的理解息息相关。市场运作、经营理念等影响知识产权价值的因素难以估计，决定了知识产权的价值无法准确界定。当融资企业未能按期清偿债务时，金融机构对质押知识产权的变现处理将会受到影响。

(二) 知识产权价值的浮动性

知识产权价值的决定因素并不是其自身的创新程度和技术含量,从知识产权运作的环节看,知识产权人的经营策略、市场拓展能力、经营理念往往对知识产权的价值产生至关重要的影响,甚至某些外部因素的影响会使知识产权从价值顶峰跌到低谷。知识产权的价值紧随市场运作态势而处于动态变化之中,通过评估方法我们只能根据多种因素考量知识产权价值的未来走势,但并不是知识产权的最终价值。知识产权价值的浮动率远远高于有体物的价值浮动率。从知识产权质押的设立到知识产权质押的实现,知识产权由融资企业控制运作,知识产权价值的浮动性增加了知识产权抵押融资的风险。

(三) 知识产权权属的不稳定性

知识产权的权利确定属于融资企业,对于以知识产权作为质押标的融资而言是至关重要的。如果在融资期间出现了知识产权被撤销或者被诉侵权的情形,即作为质押标的物,承担债务担保作用的知识产权不存在了,那么发放融资的金融机构无疑失去了债权实现的最终保障,风险之大可以预见。但是,知识产权的权利归属却体现出不稳定性。根据《商标法》的规定,在商标被核准注册的一定期限内,任何人都可以根据法定事由向商标评审委员会申请撤销该商标。《专利法》也规定了专利权可以在期限届满前终止的情形和被宣告无效的情形。著作权由于根据创作事实自动产生,权利对象并未经过公示,其权利的归属更不具有稳定性。面对知识产权价值衡量和权利归属的特殊性,金融机构对其担保债权实现的信心不足显而易见,如何规避知识产权质押融资的高风险是推行知识产权质押融资首要解决的问题。

三、非传统金融对文化产业金融支持的风险

传统文化产业有相对成熟的盈利模式,银行贷款可作为其融资的主要途径。而新兴的文化创意产业,特别是中小型文化创意企业寻求风险投资的支持比寻求传统银行贷款具有更大的现实可行性。我国文化创意产业总体上还处于起步阶段,企业规模普遍偏小,所需资金投入大、回报周期长、无形资产价值难于评估、市场需求具有不确定性等特点,导致文化创意产业的投资风险较高。当前,在文化金融支持政策的引导下,我国的各类风险投资基金(创业投资基金)对文化创意产业表现出极大的兴趣。风险投资之所以对文化创意产业表现出高度偏好,除外部环境利好外,还因为风险投资的制度安排与文化创意产业的融资特征存在内在契合性。风险投资的运作机制与投资理念适合文化创意产业的风险特征。风险投资是一种由投资者提供风险资本,由专业风险投资家对创业企业进行投资、管理、运作的一种融资机制和投资方式,适应高收益、高失败率、高回报并存的产业投资需求。风险投资作为一种权益投资,它的着眼点不在于投资对象当前的盈亏,而在于它的资产增值。风险资本能为文化创意企业提供其他金融中介不能或不愿提供的资本。风险投资家在控制风险、承担风险的前提下,向有着潜在发展前景的文化创意产业项目、产品注入资本,并运用科学管理方式协调文化创意产品的生产,增加文化创意产品的附加值。风险投资的进入使资本与科技和文化有效结合,必将推动我国文化创意产业产生跨越式的发展。

作为一个特殊的行业,文化产业存在巨大机遇已在创投界形成共识,但风险亦不容忽视。风险投资对文化创意产业的投资风险来源于文化创意产业特有的风险和风投过程中的一般风险。

(一) 文化创意产业特有的风险分析

首先是文化创意产业难以标准化。文化创意产业以创新为核心,虽然产业前景很好,但只有业务易于标准化、规模化才会形成产业,而文化创意产业目前最大的问题恰恰就在于不能复制、不能标准化。其次,文化创意产业发展中不确定性导致高风险。文化创意产业成功率不高、风险较大。文化创意产业的精神性特质也给我们带来了一些新的内容和新的发展风险。与传统的物质化生产相比,创意产业的组织结构与交易过程更为复杂,它的核心是创意,创造性构成了创意产业的生命线,这使得创意产业总要在变化万千的市场中寻找稍纵即逝的机会,而且市场需求也具有不确定性,以上特点都使产业风险大大增加。第三,文化创意产业是以知识产权和品牌价值等无形资产作为资产的主要存在形式,文化创意产业和项目市场风险性难以定量评估。第四,文化创意产业通常缺乏成熟的发展模式。风险资本最看重的是企业是否有清晰合理的发展模式和盈利模式,是否在行业内部处于领先地位,而目前我国大部分文化创意企业尚处于起步阶段,各个企业的盈利前景和整体产业的投资回报率都不明朗,从投资者的角度来说风险很大。此外,由于中国电视电影、图书出版等行业目前还没有完全开放,也加大了国外风险投资的进入难度。

(二) 创业文化企业本身具有的风险

1. 技术风险

创业投资企业的新产品和新技术尚未经过市场和大规模生产的检验。

在实际生产中,技术是否可行,预期和实践之间的偏差是否存在不得而知,因此,投资风险较大。

2. 市场风险

创业投资企业在项目投资之前无法对尚未问世的产品、技术进行消费者需求及满意程度的调查,无法估计市场对新产品的接受程度。

3. 财务风险

创业企业的财务报表内容不能准确地反映创业企业的历史经营状况,不能给创业投资家提供准确的历史参考数据。

4. 投入风险

投资过程中很可能会由于后续投入资金不足使项目中途流产,使创业投资企业的前期投入沉没。

5. 管理层变动风险

在创业资本注入后,创业企业的核心管理人员离开企业,会使创业企业不能持续稳定经营,给创业企业未来的发展带来更多不确定性。

6. 外部环境风险

经济的景气程度、政府的政策导向,都会影响到某一地区的投资规模和需求量的变化。某一地区的经济发展状况不好,会导致该地区原有发展规划和投资计划发生削减,从而加大投资的商业风险。

(三) 创业投资退出阶段中的风险

创业投资的退出是指创业投资企业所投的创业企业在发展相对成熟后,将投入的资本以股权形态通过某种形式转化为资金形态予以撤回的行为。往往成功退出会给创业投资企业带来巨幅资本增值,但在创业投资退出过程中,经常会面临不能退出或不能以理想价格退出的风险。其具体原因有:

第一,创业企业价值骤降。由于市场变化日新月异或技术更新换代过快,创业企业有可能在创业投资需要退出时市场价值骤降,大大低于创业投资家的预测,那么将会使创业投资企业错过最佳退出时机或在退出时造成不可避免的损失。创业投资退出时也可能会受到一国经济周期的影响。若处于经济周期低谷,创业投资企业所拥有的好项目,无论是上市交易还是通过产权交易市场等途径进行退出,都很难获得较理想的价格。

第二,创业企业不配合创业投资企业退出。由于创业企业或创业企业的管理层与创业投资企业可能存在某些利益冲突点,当创业企业经营超过各方预期时,创业投资企业可能在一定时机提出以上市方式退出。

第三，退出渠道不通畅。创业投资企业所投项目绝大多数为中小企业，寻求在创业板和中小企业板上市是退出投资的一个主渠道。而目前我国中小企业板与创业板上市门槛较高，受政策影响较大，使得寻求上市进行退出难度非常大。产权交易市场也是创业投资退出的途径之一。产权交易市场是多层次资本市场的重要组成部分，但在产权交易市场发展过程中也暴露出一些问题，这些问题同时也阻碍了创业投资通过产权交易市场退出：产权交易市场过于分散，国家对产权市场的健全尚缺乏宏观调控和有效的政策引导；市场定位不明确；主要表现为非证券化的实物形态交易的方式，使得它的许多功能难以发挥。

（四）泡沫风险

政策的扶持让文化产业开始成为投资界的宠儿。据前瞻产业研究院统计显示，2011 年中国文化创意产业新近成立的专项基金已超过十余只。另据不完全统计，截止到 2011 年年底，中国文化创意产业相关的基金数量已经超过 100 余只，已经募集资金总量约为 1 300 亿元。2010 年全国约有 1 300多个文化产业基地或园区，很多不具备产业基础的地方甚至县级城市都有 100 多个产业园区，一些文化产业园区都没有产业基础，而是匆匆上马，同质化现象相当严重。电视剧热卖，文化产业园大规模上马，文化创意企业的股票被热捧。这些都是文化产业欣欣向荣的表象，但其背后也隐藏着泡沫风险。

文化产业受多方扶持，但不少投机者在拿到补贴、优惠后却没有发展文化产业。对此现象，深圳同创伟业创业投资有限公司董事长郑伟鹤颇有感慨："现在有一批人贴上文化产业的标签就可以到处去圈地，有一些产品讲得很悬乎，把文化的标签乱用。当我们在大谈文化产业的时候确实要警惕文化产业泡沫。"

文化产业企业上市圈钱热潮也方兴未艾。人民网以超募 8.55 亿元、市盈率 46.13 倍的价格成为"官媒第一股"，之前上市的华策影视甚至创下了 85 倍市盈率和十几倍回报率的记录。在国外，即使华纳和迪士尼这样的一流公司，二级市场的市盈率也不会超过 20 倍，国内文化企业这么高的市盈率，如何赚钱是个需要进一步观察的问题。

（五）政策风险

除了文化产业的意识形态极强涉及政策风险外，中国文化产业领域的政策仍存在很多不透明因素，包括一些文化产业公益化与商业化的模糊不清等方面的问题，这也是风险投资和私募股权投资不得不面对的政策风险问题。如果国家在这个产业里面没有比较清晰的投资政策，这个产业很难得到发展，如果国家对文化产业的政策不清晰，这个行业就存在着巨大的投资风险。

（六）投机风险

在文化金融活动中的投机风险也需要特别予以提醒。我国市场经济还不完善，市场行为不规范，文化活动中存在一些投机行为和道德风险，如艺术品市场的欺诈及投机、炒作，还有一些文化企业的合作者以文化标签的项目获得贷款后将资金卷走。2011 年天津文交所的艺术品份额交易事件可以说是我国艺术品产权交易市场中的典型投机案例。

2011 年天津文交所将齐白石画作《黄河咆哮》推上市，发行价每份 1 元，经过上市最高攀至 18.7 元，最后又暴跌到每份 1.2 元。这种过山车式的暴涨暴跌，惊心动魄，让购买艺术品份额的投资者感受到远比中国 A 股市场上更加刺激的投机。作为金融创新的份额化交易，文化产品交易一度成为投资客的“新欢”。正当份额化交易席卷全国的文交所时，它的弊病也暴露无遗：这种所谓“创意”的艺术品股票化的交易模式，由于规则不明，监管缺位，逐渐异化为“击鼓传花的金钱游戏”。在貌似繁荣的市场背后，诸多交易乱象正在恶性发酵，规则频改、违法经营、暗箱操作、退市缺陷，无不暴露出文交所热潮的非理性状态。2011 年天津文交所上市的 20 只艺术品份额，共有 11 只跌破发行价。

正当社会上对于文交所的质疑之声日益高涨时，三道禁令次第飞来：2011 年 11 月 24 日，《国务院关于清理整顿各类交易场所切实防范金融风险的决定》（简称“38 号文”）下发，叫停火爆一时的艺术品份额化交易，令刚刚起步的各地文交所立刻“急刹车”。之后，中宣部等五部委联合下发的《关于贯彻落实国务院决定加强文化产权交易和艺术品交易管理的意见》（简称“49 号文”），再次明确“四不得”要求。2012 年 2 月召开的清理整顿各类交易场所工作会议暨部际联席会议第一次会议则明确，各地应在 6 月 30 日前完成清理整顿工作。“38 号文”的“五不准”，可以说扼住了艺术品份额化交易的咽喉：“任何交易场所均不得将任何权益拆分为均等份额公开发行，不得采取集中竞价、做市商等集中交易方式进行交易；不得将权益按照标准化交易单位持续挂牌交易，任何投资者买入后卖出或卖出后买入同一交易品种的时间间隔不得少于 5 个交易日；除法律、行政法规另有规定外，权益持有人累计不得超过200人。”

面对禁令，不少文交所终止份额化交易，并进行了“善后”。深圳文交所、湖南文交所、南京文交所、江西文交所、陕西文交所等也相继以各种方式办理申购款项的退还工作。另有部分文交所则在观望等待，期待更详尽的法规出台。叫停令的政策，让那些已经开展交易活动的文交所，或已经投入大量人力、物力、财力筹办文交所的投资者面临着极大的投资风险。

第三节　文化产业金融风险的防范

一、金融机构风险防范的一般措施

金融机构风险管理是其业务管理的重要环节，其目的就是通过对业务风险的识别和衡量，找出预防、分散或转移风险的策略，从而以最小的代价将风险可能引致的不良后果降至最低。

（一）风险的识别

风险的识别就是商业银行从各种内外部环境因素中发现可能给银行带来损失的风险源。风险的识别是有效进行风险管理的重要前提和基础。主要包括分类与回归树分析法、德尔菲法、风险推导法。

分类与回归树分析法以选定的某几项财务指标作为分析的对象，运用二分法，以图解的方式将银行风险逐层分解，银行据此可以清晰准确地判断风险的具体形态及其性质，为相关决策提供依据。该方法的假设前提是商业银行的借款人可以分为好坏两类，各自具有不同的特性，通过对银行以往贷款客户的相关资料和信息进行统计分析，总结出两类借款人在财务特性上的规律性，并将其用于日后的贷款客户分析中。

德尔菲法又称专家意见法，通过专家的经验判断来识别风险。当银行无法利用财务比率来识别风险时，可以通过设计调查方案的方式，将调查表格和有关银行经营状况的资料一并发放给若干专家，由专家独立地提出各自的意见和看法。银行将集中的信息进行整理后，将不同的意见及其理由再反馈给每位专家。专家在参考其他人的意见后进一步修改完善自己的意见。经过数个来回之后，专家对项目的风险和控制方案将渐趋一致。

风险推导法是对某项业务的各个主要环节可能面对的影响因素作出预测和判断，以分析和鉴定风险的可能性及主要特质。一般分为筛选、监测和诊断三个步骤。首先，将风险因素分类，确定应排除因素、需进一步研究因素和明显可引起损失因素。其次，对筛选后的结构进行观测、记录和分析，掌握变动趋势。最后，根据监测的结果进行分析和评价，进而识别风险。

（二）风险的衡量与评估

在初步识别风险后，银行要对风险的程度进行定量分析，从而判断是否控制以及如何控制。风险的衡量和评估方法主要包括 VaR 法、回归分析法、假设检验法、压力试验法等。

VaR 法即为在险价值法（Value at Risk），是指在一定时期，在正常的市场条件和给定的置信区间内，计算的商业银行资产组合头寸或负债组合头寸出现最大损失的估计值。巴塞尔委员会规定的时期标准是 10 天，置信区间是 1%，意味着银行有 99% 的把握保证在 10 天内其资产遭受损失不会超过某一特定的量（风险价值）。例如，在 10 天内，在给定置信区间 99% 的情况下，某银行的 VaR 估算值为 500 万美元，则表明该银行在 10 天内，风险损失超过 500 万美元的概率为 1%。

回归分析法是指通过建立风险损失和重要参数之间的函数关系，根据历史资料用最小二乘原理求出相关系数，从而得出回归方程。将计算期或计划期的各种参数输入回归方程，利用回归方程进行点估计和区间估计，以计算结果作为风险判断和预测的依据。

假设检验法是对未知参数的数值提出假设，然后利用样本提供的信息检验假设是否合理。基本思路是首先提出某种假设，然后构造一个事件使其在该假设成立的条件下概率很小。再做一个实验，如果上述事件果然发生，则拒绝假设，否则接受假设。

当金融市场出现金融危机、市场崩溃等极端情形时，经济变量间的稳定关系会遭到破坏，在险价值法的判断会出现极大误差，为了测量极端市场环境下的市场风险，可以利用压力试验法。压力试验法是测量市场环境因素发生极端不利变化时，金融机构资产组合的损失大小，主要识别会对金融机构产生致命损失的情形，并评估风险的大小。

（三）风险的控制和管理

对风险进行识别和评估后，应采取有效措施进行控制和管理。主要包括风险预防、风险规避、风险分散、风险转移、风险补偿等。

银行风险的预防可以通过保持充足的资本金、提取一般准备金和特殊准备金等方式，增强抗风险能力。在日常经营管理过程中，加强外部监管和内部控制，严格制定和执行银行各项规章制度，规范操作和管理，强化激励约束机制，提高员工素质，从各方面预防损失的发生。

风险规避则更多地要体现为事前的控制，是指银行在经过研判后认为对风险可能引起的损失无力承受而主动放弃某个项目或方案。

对商业银行来说，风险分散的策略相对丰富。可以利用资产组合原理，通过资产种类和规模的扩大分散风险，也可以利用客户的多层次性、投资工具的多样性来分散风险。

风险转移是指利用各种交易工具和交易方式将风险全部或部分地转移出去。主要包括贷款出售、资产证券化、期权交易、互换交易等方式。

风险补偿是指当银行确认损失将要发生后，为了将损失降至最低，银行通过接管、占有、变现抵押物或者质押物的方式减少损失。

二、文化产业金融支持中金融机构自身的风险防范

（一）政策风险的防范

文化产业是特殊领域，是一个跟意识形态相关度很高的产业，一定要把握好尺度，过好政治关。文化金融从业人员要熟悉各项文化产业政策，密切关注文化产业发展动态。金融机构要引进既懂文化艺术，也懂金融、投资、管理的核心人才。另外，文化产业投资者还要具备良好的道德修养，提高决策能力。

（二）信用风险的防范

对于融资规模较大、项目较多的文化企业，鼓励商业银行以银团贷款等方式提供金融支持。探索和完善银团贷款的风险分担机制，加强金融机构之间的合作，有效降低单个金融机构的信贷风险。对处于产业集群或产业链中的中小文化企业，鼓励商业银行探索联保联贷等方式提供金融支持。

完善文化金融的风险控制体系。一是设计各岗分离的文化信贷流程，同时运用科技手段全流程控制信用风险。二是完善文化金融项目条线的风险管理组织架构，通过设立风险管理委员会、风险总监、风险经理，实现对文化金融业务风险的多级监控。三是创新风险管控技术。对文化中小、小微企业的信贷，引入发达国家微贷技术中的信息交叉检验方法，实现企业非财务信息内部、财务信息内部、非财务信息与财务信息间的多重逻辑验证。四是加强文化金融贷款风险分类和不良贷款处置。针对文化贷款制定差异化资产质量分类办法，并制定不良贷款处理专项政策，对满足核销条件的文化不良贷款建立快速核销通道，加快核销频率和进度。

（三）法律风险的防范

知识产权质押贷款操作中的风险防范要做好以下四方面工作：

第一，律师运用其专业知识，参与知识产权质押贷款模式的策划、设计与流程制定工作。从制度上预防风险的发生，并且一旦发生风险，也可以有效控制。

第二，律师应参与贷前审查、贷后管理、质物处置等全方位的金融服务，经银行认可其资质的律师事务所介入金融服务，从法律的专业角度对借款人资质、借款用途、质物权属、出质人资质及借款人借款用途、还款来源、经营状况等方面进行调查、鉴证、评审。贷后管理主要是对重大的经营变化进行贷后的监控，例如质权的变化或者公司的关停并等。而担保机构主要对它的经营状况和财务状况进行贷前监控。如贷款期内出现法律风险要及时应对，要做好质物处置的法律准备。律师服务要跟踪到质物处置完毕，做好正常还款和对质物做处置两方面的法律准备。同时，资产评估机构在前期评估时，也要考虑将来的处置问题。

第三，建立由银行、律师、评估、担保等中介机构参加的金融平台。风险不是孤立存在的，也不是静止的，在贷款之前和贷款期间都是互相联系的。一个风险和一个法律事实都会和其他的事实相互联系，所以仅仅有银行，或者仅仅有律师，或者仅仅有评估师，从防备风险这个角度来说都是不完备的。这几个中介机构同时提供这些服务需要的条件是：各自独立，不互相串通，但是最后要达成共识。

第四，银行、律师要参与相关行政部门对一些管理办法的起草、修订和协商工作，从源头上解决风险的防范问题。

对于租赁经营权质押贷款，即便是要在租赁经营权上对于借款人实施控制，也最好将租赁经营权转让合同设计为独立合同，不宜设计为借款合同或担保合同的从合同，这样可以避免租赁经营权作为担保物权标的而被法院予以否认的风险；如若将双方关系设计为租赁经营权转让关系，宜首先取得商铺出租人的同意，以免将借款人转让商铺的行为认定为非法转租，损害受让人的利益。

（四）知识产权质押融资风险的防范

知识产权质押融资作为文化金融的主要品种，也是文化金融风险控制的重要内容。根据知识产权质押融资的不同阶段，金融机构应对知识产权质押融资的风险策略分为事前风险防范机制和事后风险预警及风险分担机制。

1. 事前风险防范机制

加强与知识产权管理机构的合作，与企业之间建立信息对称的直接关系。一方面，金融机构应在知识产权管理机构的指导下，制定与知识产权特点相适应的知识产权质押融资政策；另一方面，由于知识产权管理机构对于其管辖的知识产权项目的权利状态、自主创新程度、市场开发、项目前景等情况较为了解，金融机构应与各地知识产权管理机构建立密切的合作关系，及时把握融资企业知识产权项目的前景及权利状态。

提高知识产权质押融资的准入条件是解决知识产权质押融资高风险的首要步骤。设立较高的准入条件，将一些有不良记录或资信较差的知识产权项目排除在外，能够降低融资审查的成本，避免社会资源的浪费。对资信好、低风险的知识产权质押在融资手续和融资服务方面作出更便捷、更人性化的操作性规定。如降低优质知识产权质押融资的基准利率、提高其融资额度及期限，建立知识产权质押融资的专门服务通道等，由此，充分发挥知识产权权利人融资的积极性。

建立周密的知识产权质押风险评价体系。针对目前知识产权融资外部社会环境支撑不足的现状，金融机构内部应建立自创的应对知识产权质押融资风险评价体系。该风险评价体系主要涵盖以下方面：知识产权项目现行运作情况考察、可行性市场前景预测、知识产权项目权属关系调查、运用与在先权利冲突的风险检测、知识产权项目的资产价值评估等。知识产权项目现行运作情况考察具体包括企业的经营状况、管理团队、产品的生产过程以及是否符合低碳经济的要求、是否对环境产生消极作用等。可行性市场前景预测具体包括知识产权项目自身的创新程度、产品的市场需求调查等。知识产权项目权属关系调查具体包括知识产权权利归属及其变更登记情况、年费缴纳情况、知识产权的许可使用状态，以及是否涉及权属争议、侵权纠纷等。与在先权利冲突的风险检测是运用检索系统对知识产权文献进行检索，检索的范围不局限于同种类的知识产权文献，如商标的检索范围不应局限于已注册商标，还应检索已经发表的美术作品。尽可能查找出与知识产权项目相近的在先权利，对比其产生冲突的可能性，由此可以降低因在先权利冲突引发的知识产权被撤销而带来的融资风险。

一般而言，知识产权项目的资产价值评估应从知识产权的法律因素（如权利属性及权利限制、具体类别、权利的法律状态及剩余法定保护期限、以往许可和转让的情况等)、技术因素(如技术替代性、先进性、创新性、成熟度、实用性等)、经济因素(如该项目的获利能力、许可费、交易价格等)对知识产权项目进行价值评估。2009 年 7 月 1 日实施的由中国资产评估协会制定的《资产评估准则——无形资产》和《专利资产评估指导意见》可以为金融机构对知识产权项目的资产价值评估体系建立提供参考。以上评价均须委托具备一定资质的相关专业机构进行,金融机构根据各专业机构出具的调查报告,对抵押的知识产权项目风险作出综合性评价。风险评价体系制定得越细致,涉及的因素越全面,对抵押融资的知识产权风险或高或低的评价就越客观真实。对于高风险性的知识产权项目不予融资,或降低其融资额度、缩短融资期限,对于低风险的知识产权项目则可以进入抵押融资的环节。

培养专门的金融服务人才,完善知识产权质押融资业务操作规程。可以对文化金融项目的客户经理进行文化金融专项培训,为文化金融服务储备专门人才。培养知识产权金融服务人才,提高金融服务人才的知识产权质押融资风险意识,有利于知识产权质押融资业务操作规程的完善,不仅可以提升知识产权质押融资的服务水平,提高融资效率,而且还会降低知识产权质押融资过程中实际风险的发生率。

2. 事后风险预警及分担机制

融资发放后密切关注融资企业,建立风险预警制度。在融资发放后,金融机构应当密切关注质押融资的知识产权在法律属地、市场动态及市场前景等方面的动态发展,启动风险预警机制。在融资企业出现不利于债务偿还的情形时,金融机构应当及时把握融资企业动态,必要时可以要求融资企业提供其他担保,情节严重的,金融机构可以解除合同。风险预警机制包括以下几个方面:

(1) 在质押的知识产权出现权属争议纠纷时,金融机构应当积极参与到知识产权权属纠纷解决过程中。如果质押的知识产权被撤销,金融机构应当要求融资企业另行提供担保,或者提前清偿债务,切实保护自身的利益。

(2) 在质押的知识产权进行许可使用时,融资企业应当在约定期限内通知金融机构,将许可使用合同及时向金融机构进行报备,并密切关注被许可企业的知识产权的实际使用状况。

(3) 在质押的知识产权进行权利转让时,融资企业应当与金融机构进行协商，未经金融机构同意，融资企业不得擅自转让质押的知识产权，否则，金融机构可以解除合同，或要求融资企业以转让费提前清偿。对金融机构造成的损失，融资企业应当承担赔偿责任。

（4）在融资期间，金融机构应当定期派出专门的知识产权金融服务人员，对融资的使用情况及融资企业经营状况作实地考察，并提交报告。若融资企业不正当使用融资情节严重或出现经营状况不景气的现象，金融机构可以要求融资企业另行提供担保，或要求融资企业提前清偿债务。

在融资企业未能清偿到期债务时，金融机构通过多种途径对知识产权质押带来的风险进行分担。一方面，构建多元化的风险分担主体。由于知识产权风险评价机制的建立，参与知识产权风险评估的机构增加，而让风险评估机构在其职责范围内承担一定的风险责任，有利于督促评估机构认真履行评估职责，有效避免评估机构因过错造成知识产权质押融资风险严重失实带来的后果，在一定程度上能够分散金融机构的融资风险。但是，评估机构的风险责任承担应当以过错为原则，而且其所承担的风险责任比例应与其所承担的职责相适应，不宜为评估机构设置过高的责任，否则，有违公平责任原则，更有损评估机构参与知识产权风险评估的积极性。市场变幻无常，知识产权价值不可能一成不变，评估机构更不能成为金融机构转嫁风险的“替罪羊”。另一方面，构建多元化的风险分担的财产。风险分担主体的多元化不能有效保障在融资企业出现到期不能清偿债务时金融机构的债权全面实现，因而，扩大融资企业的财产担保范围势在必行。在融资企业出现经营状况不景气时，金融机构应当及时要求融资企业另行提供有体物财产或股权作为知识产权质押融资的担保，以此提高债务的清偿率。

（五）风险投资基金特有风险的防范

对于风险投资基金或创投公司来说，其针对文化产业投资的风险规避和防范主要应采取如下措施：

第一，文化产业多个项目的组合投资。组合投资是投资领域最常见的风险分散方式。创业投资过程中往往将资金投向多个创业项目，这种组合主要表现在投资阶段的组合、投资项目的组合及投资方式的组合。同时针对一个项目一次性投资的方式有可能使投资效率降低，创业企业的管理层没有约束机制，所以阶段性投资也是规避投资风险常用的方法之一。

第二，做好文化项目的筛选工作。项目筛选是价值发现与风险过滤的过程，它是成功运作一个创业投资项目的重要前提。在投资前，创业投资家要对创业企业的状况作一个透彻的分析。投资文化产业要实施战略管理,要从战略上进行文化项目选择,要增强自觉性,避免盲目性。对于不熟悉文化产业的投资者来讲,要加强自身的学习,做好战略规划既能避免市场风险,也可以避免政策风险。风险投资机构可与知识产权管理部门、银行、担保公司、评估机构、律师及其他中介机构合作,健全和完善文化创意产业的无形资产评价机制,使得风险投资家针对文化创意企业的评价有所依循,理解文化创意企业的市场价值,从而降低交易成本,增加投资意愿。

第三,通过合同控制风险。为了避免退出时不必要的纠纷和麻烦,对于可以预料到的风险,创业投资企业应以合同形式在投资前事先约定好。一般在实务操作中主要遇到的条款有以下几点:① 进行资金投入的过程控制。在投入资金的时候,分期投入,如果投完第一期发现有问题,可以及时调整,避免损失。② 投资形式的确定。为了获得创业企业创业成功后的高额资本增值,创业投资企业一般不以债权形式而是以股权形式进行投资。但为了能够在一定程度上规避风险,创业投资企业并不是以简单的普通股的形式介入创业企业,在实务中,一般采用有特别投票权的普通股、可转换优先股、可转换债券、附加认股权债券的形式来运作。③ 联合售卖权。创业投资企业有权要求一同出售所持有的部分或全部股份。联合售卖条款有助于创业企业的稳定经营,从某种程度上讲也增加了创业投资的退出渠道。④ 参与、监督条款。在协议中有这些条款可以帮助创业投资企业随时了解创业企业的运营状况,并通过董事会的安排在创业企业的经营中争取一定的话语权。⑤ 退出条款。如果在资金投入一定时间后,创业企业仍不能上市或完成转让,则创业投资企业可以根据协议书中的回购保证条款,在某一时间后要求创业企业回购创业投资企业所持有的全部或部分股份或者创业投资企业可以根据协议书中的强制转让条款转让其所持有的股份。⑥ 优先清算条款。当企业被出售、清算或解散时,投资者可以先于其他股东收回其投资,并且该条款设置的收回金额可以是投资的一倍或几倍。

第四,为文化产业提供增值服务。为创业企业提供增值服务是规避创业投资企业投资阶段风险的一个行之有效的方法。

第五,合理选择创业投资退出方式和时机。创业投资退出是要获得资金安全性和资金的效用最大化,为了规避退出阶段企业价值骤降等风险,创业投资家往往要看准时机找到最合适的退出途径。除了推动对符合条件的中小型文化创意企业在中小板块、创业板申请上市外,创投公司凭借其专业经验还可通过大型成熟文化企业集团并购整合新兴文化创意产业资源，延长产业价值链的同时退出创投资本。

除了以上四方面外，文化产业风险防范还需要建立多层次的融资担保机制。鼓励各类担保机构向文化产业提供融资担保，通过再担保、联合担保以及担保与保险相结合等方式多渠道分散风险。研究建立企业信用担保基金和区域性再担保机构，以参股、委托运作和提供风险补偿等方式支持担保机构的设立与发展，服务文化产业融资需求。

二、政府和监管部门的监测、预防和风险均摊

政府文化主管部门要会同人民银行、银监局、金融办等金融机构主管部门对文化金融的发展状况予以监测，关注文化金融中的各类金融风险，对金融风险及时化解、补偿，保证金融机构的稳健运行，促进文化金融和文化产业间的良性循环。具体而言，政府部门不仅要有相关政策法规的完善来预防风险的发生，还要有必要的资金通过各种形式予以补贴，来实际化解金融风险。注重发挥财政资金的杠杆作用，通过贷款贴息、项目补贴、补充资本金等方式，对符合文化产业发展规划、具有龙头带动作用的文化企业或项目，从政府设立的文化产业发展专项资金中给予银行贷款贴息、企业补贴支持，对新增文化产业贷款或担保业的代偿形成的风险损失给予补偿。具体做法有：

（一）设立各市、区（县）联动的文化融资担保专项资金

由市、区（县）两级财政出资设立文化企业融资担保专项资金，经市有关部门认定、为文化企业提供融资担保服务的重点融资性担保机构，对其经核定后的代偿损失按规定给予适当补偿。

（二）探索设立文化企业贷款风险补偿基金，合理分散承贷银行的信贷风险

地方财政可通过文化产业发展专项资金等，对符合条件的文化企业给予贷款贴息和保费补贴。下面以政策支持知识产权质押融资为例，具体分析文化金融中风险均摊机制的运作。

目前，相关政策的层级一般是实施知识产权质押融资试点的区或市级，但开始逐步走向地区市、省（直辖市）级。出台政策的部门主要是知识产权主管部门如知识产权局或工商局、科委或科技厅。另外，部分地区以一级政府的名义出台，部分地区由几个知识产权主管部门及金融监管部门包括知识产权局、工商局和版权（文化）局以及金融办、银监局、人行等联合出

台，或成立知识产权质押贷款管理的联合工作组共同出台政策。资金来源一般来自于各地政府财政的科技支持专项基金，也有政府预算另设定专项基金。

政策支持方式主要分为两类：一类是对企业的融资成本包括贷款利息和其他融资费用的补贴政策；另一类是对金融机构及中介机构的贷款风险分摊政策和促进融资积极性的奖励政策。适用政策的主体主要是融资企业和银行等金融机构，中介机构主要包括参与融资中介服务的担保公司、评估机构、保险公司、再担保公司以及律师事务所等。具体的政策支持主要内容如下：

其一，对企业的财政补贴政策包括贷款利息的补贴和其他融资费用的补贴。对企业的贴息政策包括贴息率、贴息最高限额、贴息期限等。贴息率一般按基准利率计算，给予所付利息30%至50%的补贴，更高的有60%甚至70%；如北京海淀区区政府按企业信用等级实行20%～40%的差别贴息政策。最高限额一般在20万元至50万元，有的则直接规定受贴息的贷款额度。贴息期间一般为1年。

对企业的融资费用补贴政策。担保费补贴政策，一般全额补贴（如北京海淀区、上海闵行区），最高20万（广州）；有的规定比例，担保责任余额的1%（江苏苏州）。评估费补贴政策，一般是补贴一半，如上海闵行区、浙江省海盐县；有些规定了最高限额，如广州市3万元，浙江省海盐为5万元。其他费用补贴政策，如上海闵行区补贴包括保险费、登记费用、律师费用等。

其二，对银行等金融机构的贷款奖励和风险补偿、奖励或补助政策。如上海闵行区对银行等融资机构给予贷款额度2.5%的奖励，浙江省安吉县每年给予银行年贷款额度1.5%的补助，海南对贷款银行给予贷款额0.5%～1%的奖励。

对银行的损失补偿政策。如浙江省安吉县、长兴县等，对贷款人的贷款损失给予10%的补偿。陕西省规定发明专利权质押贷款损失，由省政府专项基金进行垫付式风险补偿。

风险准备金政策。例如，广东省东莞市对直接融资的金融机构，从科技贷款风险准备金中按照金融机构贷款的5%提取风险准备金，对贷款本金损失额达到70%的，在该贷款风险准备金额度内给予补偿。上海浦东区建立了反担保风险分摊机制：贷款逾期不获清偿，生产力中心承担95%～99%的风险损失，银行自担1%～5%。四川省成都市的担保风险分摊机制为：

生产力中心和银行按 9：1 的比例分摊贷款损失。湖北省武汉市等地采用的反担保融资机制主要借鉴了上海浦东区的模式。重庆银行风险准备金补贴为：给予贷款额不超过 2% 的补助，最高 100 万元。

对金融机构的利息补贴政策。浙江省金华市对于那些给予知识产权质押贷款利率不超过基准利率的银行，按年利率 1% ～3% 的标准给予补息。长兴县对贷款人执行同期基准利率上浮 20% 以内（含 20%）的贷款，按新增贷款利息的 30% 给予补助。

其三，对评估机构等中介机构的奖励和补助。对中介服务机构的奖励政策为：给予社会服务担保公司（非政策性担保公司）奖励贷款额度的 3.5%；给予评估公司奖励评估费的 25%（如上海市闵行区）。

（三）加大政策扶持力度，提升金融机构服务中小文化企业的积极性

政府要加大政策扶持力度，如设立单独的文化产业基金、文化产业专业担保机构等相关中介机构，通过风险补贴、专项补贴等方式分担文化产业风险，有效降低金融机构服务文化企业的经营风险，提升金融机构服务中小文化企业的积极性。

参考文献

[1] 贾旭东.文化产业金融政策研究[J].福建论坛(人文社会科学版),2010(6).

[2] 罗靓.发展文化产业与金融支持[J].农村金融研究,2008(5).

[3] 周正兵.文化产业的金融支持[J].投资北京,2011(10).

[4] 张欢.文化产业的经济视阈与金融思考[J].区域金融研究,2010(12).

[5] 韩文亮,戚焱.论商业银行的品牌战略建设[J].新金融,2008(2).

[6] 康芸.风险投资进入文化创意产业问题研究[J].科学学与科学技术管理,2010(8).

[7] 杨文芳.创业投资中的风险及风险控制[J].现代商业,2009(4).

[8] 朱冬.谨防文化产业融资风险[J].中国金融家,2012(4).

[9] 陈坦汶.文化创意随笔之二十三:文化产业需防政策性风险.福建省海峡文化创意产业协会网,2012-07-06.

[10] 赵磊,薄继东.整顿大限将至各地文交所如何抉择.人民网,2012-06-29.

[11] 辛书举.谨防知识产权质押贷款风险.和讯网,2011-08-04.

[12] 上海市银监局,等.上海市金融支持文化产业发展繁荣的实施意见.中国上海网站,2010-08-26.

[13] 郝丽琴.关于知识产权质押的现状研究与对策[J].河北企业,2010(9).

[14] 赵振宇.金融生态环境建设问题研究[J].学习与探索,2009(4).

[15] 银监会.中国银监会关于银行建立小企业金融服务专营机构的指导意见[银监发(2008)82号].2008-12-01.

[16] 银监会.中国银监会关于支持商业银行进一步改进小企业金融服务的

通知[银监发(2011)59 号],2011 -05 -25.
[17] 赵建国. 无担保、无实物抵押、风险共担——上海知识产权质押融资新模式破冰. 国家知识产权局网站,2010 -05 -22.
[18] 北京银行. “小巨人”中小企业最佳融资方案. 北京银行网站,2012 -07 -01.
[19] 韩瑞芸. 银监会拟差异化监管小企业贷款. 21 世纪网站,2010 -02 -24.
[20] 陶丽琴,等. 知识产权质押融资中政府支持政策的实施和完善[J]. 法学杂志,2011(10).
[21] 继东. 苏州公布首批重点文化企业[N]. 苏州日报,2012 -10 -09.
[22] 苏州文广新局. 第一期文化产业投融资实务研修班在苏州举办. 苏州文化广电新闻出版综合信息网,2012 -04 -06.
[23] 卢林,姜艳. 银行信贷创新与文化产业融资[J]. 现代商贸工业,2011(5).
[24] 周小川. 完善法律制度,改进金融生态[N],金融时报,2004 -12 -07.
[25] 李扬,王国刚. 中国城市金融生态环境评价[M]. 北京:人民出版社,2005:17 -25.
[26] 张鹏,姜玉东. 我国金融生态体系的改进与优化[J]. 财经科学,2005(4).
[27] 苏宁. “金融生态环境”的基本内涵[J]. 金融信息参考,2005(10).
[28] 韩平. 改善金融生态环境是系统工程[J]. 金融时报, 2005(5).
[29] 李娜. 完善中国金融生态环境研究[D]. 天津财经大学硕士学位论文,2007.
[30] 周道许. 地方政府在区域金融生态建设中的作用[J]. 中国金融,2010(19 -20).
[31] 潘陶,金永红. 政府与金融机构在区域金融生态环境建设中的作用[J]. 科技与经济,2008(5).
[32] 刘洁. 知识产权质押融资中的风险控制[J]. 内蒙古社会科学(汉文版),2012(3).
[33] 王嫁婕. 金融创新对我国小企业融资的影响研究[D]. 浙江大学硕士学位论文,2012.